U0558959

电控发动机维修

DIAN KONG FA DONG JI WEI XIU

主　编◎王勇春　杨奇才

副主编◎盛跃飞　李　夏

参编人◎胡　炜　李江峰　周　曦　李　庆（湖南腾从汽车销售服务有限公司保险经理（上海大众4S店））

经济管理出版社
ECONOMY & MANAGEMENT PUBLISHING HOUSE

图书在版编目（CIP）数据

电控发动机维修/王勇春，杨奇才主编. —北京：经济管理出版社，2015.6
ISBN 978-7-5096-3756-2

Ⅰ. ①电…　Ⅱ. ①王…　②杨…　Ⅲ. ①汽车—电子控制—发动机—车辆修理—中等专业学校—教材
Ⅳ. ①U472.43

中国版本图书馆 CIP 数据核字（2015）第 088790 号

组稿编辑：杨国强
责任编辑：杨国强　张瑞军
责任印制：黄章平
责任校对：车立佳

出版发行：经济管理出版社
　　　　　（北京市海淀区北蜂窝 8 号中雅大厦 A 座 11 层　100038）
网　　址：www. E-mp. com. cn
电　　话：(010) 51915602
印　　刷：三河市延风印装有限公司
经　　销：新华书店
开　　本：787mm×1092mm/16
印　　张：11
字　　数：228 千字
版　　次：2015 年 9 月第 1 版　2015 年 9 月第 1 次印刷
书　　号：ISBN 978-7-5096-3756-2
定　　价：36.00 元

前　言

按照《国家中长期教育改革和发展规划纲要（2010~2020）》和《湖南省中长期教育改革和发展规划纲要》精神，根据教育部、人力资源和社会保障部、财政部《关于实施国家中等职业教育改革发展示范学校建设计划的意见》（教职成〔2010〕9号）文件要求，进一步深化我校教学改革步伐，加快培养湖南经济区建设需要的高素质技能人才，进一步加强实习生技能和实践能力的培养，不断提高校企联合办学的教学质量和办学水平，把实践教学贯穿于技能型人才的培养中，我校汽车运用与维修专业围绕工作任务选择课程内容，并在学校领导的大力支持下，在多位专业老师的参与下，开发结合学校实际情况的系列教材。

编写本教材的目的，主要是让学生一进入工厂实习，就能初步了解汽车4S店各个主要岗位的基本要求，把学校学到的理论知识与实习实践更好地结合，能够实现零距离上岗。

《电控发动机维修》主要围绕学生学习与实践操作相结合，设置实习实训项目，让实习生更好地掌握汽车发动机电控技术的保养和维修方法。在内容编排上，体现了理论联系实际、深入浅出的特点。

在编辑过程中，我们参阅了有关资料，向所参考资料的原作者深表谢意。由于编写水平有限，书中错误在所难免，敬请读者批评指正。

目 录

情境一　电子控制系统的认识 ………………………………………… 001

情境二　汽车专用万用表的使用 ……………………………………… 009

情境三　KT600 解码仪器的使用 ……………………………………… 021

情境四　电控发动机喷油器的检测 …………………………………… 033

情境五　电控发动机油压的检测 ……………………………………… 047

情境六　电控发动机燃油泵控制电路的检测 ………………………… 059

情境七　电控发动机传感器的检测 …………………………………… 071

情境八　电控发动机点火系统的检测 ………………………………… 091

情境九　电控发动机不能启动故障诊断 ……………………………… 105

情境十　电控发动机启动困难故障诊断 ……………………………… 117

情境十一　电控发动机怠速不良故障诊断 …………………………… 129

情境十二　电控发动机动力不足故障诊断 …………………………… 141

情境十三　电控发动机深化保养流程 ………………………………… 149

情境十四　电控发动机节气门积碳清洗 ……………………………… 157

情境一　电子控制系统的认识

📖 **情境引入**

　　一辆卡罗拉轿车行驶在崎岖的山路上突然熄火，车主描述当再次把点火开关置于"ON"挡，仪表板上的任何指示灯都没有点亮，只有车门未关闭警报灯点亮，而且发动机舱伴有风扇高速旋转的声音。维修人员接车后首先确认故障现象，鉴定故障现象如车主所述后，他们认为电源电路出现了断路故障，于是开始查找ECU电源电路。那么ECU到底是什么呢？我们将带领同学们一起来认识电控发动机。

【教学计划】

（1）认识汽车上的电子控制系统；

（2）掌握发动机电子控制系统总体组成；

（3）区分与识别发动机电子控制系统的主要传感器、执行器；

（4）掌握发动机电子控制系统的工作原理；

（5）重点了解发动机电子点火系统。

【教学信息】

一、汽车电控系统的组成

　　电喷汽车的发动机控制，是由发动机电子控制系统（EECS或EEC）完成的，其主要功能是控制空燃比、喷油时刻与点火时刻。除此之外，还控制发动机的冷热车起动、息速转速、最大转速、废气再循环、二次空气喷射、爆震、电动燃油泵、故障自诊断以及给其他电控系统发送状态信号等功能。其工作性质是采集发动机各部位的工况信号，根据采集到的信号计算确定最佳喷油量、最佳喷油时刻和最佳点火时刻。

　　发动机电子控制系统由传感器、电控单元和执行器三部分组成。传感器是一种信号检测与转换装置，安装在发动机的各个部位，其功能是检测发动机运行状态的各种电量参数、物理量和化学量等，并将这些参量转换成计算机能够识别的电量信号输入电控单元。电子控制单元又称为电子控制器，俗称电脑，简称ECU，是发动机电子控制系统的核心部件，其功能是根据各种传感器和控制开关输入的信号参数，对喷油量、喷油时刻和点火时刻等进行实时控制。执行器是控制系统的执行机构，其功能是接受电控单元的控制指令，完成具体的控制动作，使发动机处于最佳的运行状态。

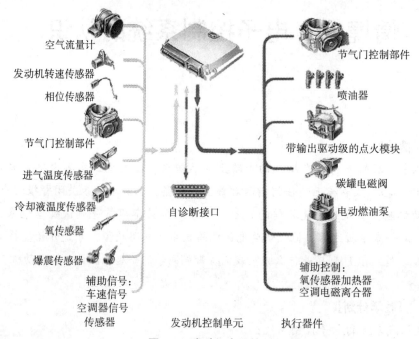

图 1-1　发动机电子控制系统

（1）传感器包括空气流量计、节气门定位计与节气门电位计、进气温度传感器、霍尔传感器、冷却液温度传感器、曲轴位置传感器、爆震传感器、辅助信号（车速信号和空调器开关信号）、氧传感器。

（2）执行器包括电动燃油泵、碳罐电磁阀、喷油器、带输出驱动级的点火模块、辅助控制（氧传感器加热器、空调电磁离合器）、节气门控制组件（怠速阀）。

（3）其他部件包括空气供给系统、燃油供给系统、起动机、发电机、空调压缩机、水箱、副水箱、点火器、高压线、方向助力器等部件。

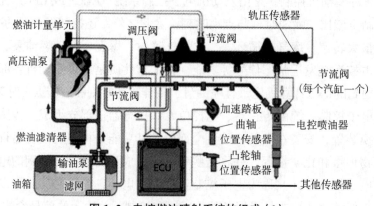

图 1-2　电控燃油喷射系统的组成（1）

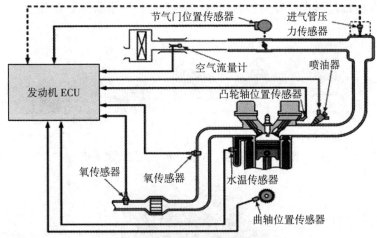

图 1-3 电控燃油喷射系统的组成（2）

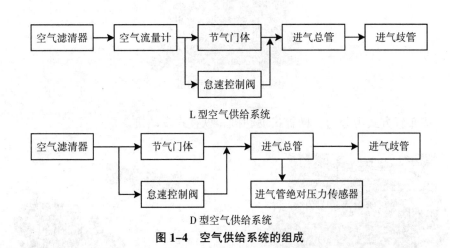

L 型空气供给系统

D 型空气供给系统

图 1-4 空气供给系统的组成

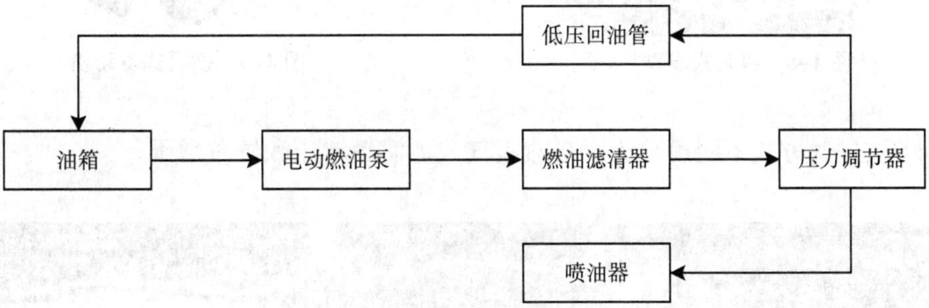

低压回油管

油箱 → 电动燃油泵 → 燃油滤清器 → 压力调节器

喷油器

燃油供给系统原理图

图 1-5 燃油供给系统的组成

二、汽油发动机分类

（1）按缸数分可分为：单缸和多缸。

（2）按汽缸布置形式可分为：直列型、V 型、水平对置型及 W 型。

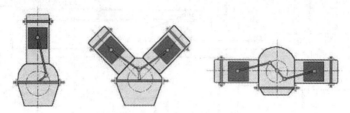

图 1-6　直列型、V 型、水平对置型发动机

图 1-7　W 型发动机

（3）按布置方式可分为：横置式发动机和纵置式发动机。

图 1-8　纵置式发动机

图 1-9　横置式发动机

（4）按进气方式不同可分为：自然吸气式、涡轮增压和机械增压。

a—自然吸气式发动机　　　　b—涡轮增压发动机　　　　c—机械增压发动机

图 1-10　三种进气方式不同的发动机

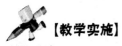

【教学实施】

实施准备

（1）了解实训室相关规章制度；

（2）穿戴规定的工作服，保障自身人身安全；

（3）准备实训设备：广汽菲亚特菲翔轿车、别克电喷发动机、丰田卡罗拉轿车及丰田发动机故障实训台。

实施过程

一、探索汽车电子技术应用的优越性

表 1-1 汽车电子技术应用的优越性

减少汽车 修复时间	节油	减少空气污染	减少 交通事故	提高 乘坐舒适性

二、研究汽车电控系统的组成

表 1-2 电子控制系统的一般组成

名称	作用	实训效果
检测反馈单元	该单元的功用在于通过各种传感器检测受控参数或其他中间变量，经放大、转换后用以显示或作为反馈信号	
指令及信号处理单元	该单元接受人机对话随机指令或定值、程序指令，并接受反馈信号，一般具有信号比较、变换、运算、逻辑等处理功能。传统的指令及信号处理单元多采用模拟电路，随着微电子技术和计算机技术的发展，为工程控制系统提供了采用数字计算机指令和信号处理单元的可能性。汽车上所用的指令及信号处理单元多为微处理机	
转换放大单元	该单元的作用是将指令信号按不同方式进行相互转换和线性放大，使放大后的功率足以控制执行器并驱动受控对象	
执行器	执行器直接驱动受控对象的部件，可以是电磁元件，如电磁铁、电动机等；也可以是液压或气动元件，如液压或气压工作缸及马达。为了使驱动特性与受控对象的负荷特性相互匹配，还可附加变速机构，如液压马达和行星齿轮传动的组合	
动力源	动力源为各单元提供能源，通常包括电气动力源和流体动力源两类	

三、讨论汽车电子控制系统的分类

表1-3　汽车电子控制系统的分类

名称	内容	实训效果
发动机和动力传动集中控制系统	包括发动机集中控制系统、自动化变速控制系统、制动防抱死和牵引力控制系统等	
底盘综合控制和安全系统	包括车辆稳定控制系统、主动式车身姿态控制系统、巡航控制系统、防撞预警系统、驾驶员智能支持系统等	
智能车身电子系统	自动调节座椅系统、智能前灯系统、汽车夜视系统、电子门锁与防盗系统等	
通信与信息、娱乐系统	包括智能汽车导航系统、语音识别系统、"安吉星"系统（以及其他厂商类似系统）、汽车维修数据传输系统、汽车音响系统、实时交通信息咨询系统、动态车辆跟踪与管理系统、信息化服务系统等	

四、深入了解发动机电子控制系统

表1-4　发动机电控系统

名称	内容	实训效果
电控点火装置（ESA）	该系统可使发动机在不同转速、进气量等因素下，在最佳点火提前角工况下工作，使发动机输出最大的功率和转矩，而将油耗和排放降低到最低限度。该系统分为开环和闭环两种控制。电控点火装置闭环控制系统通过爆震传感器进行反馈控制，其点火时刻的控制精度比开环高，但排气净化差些	
电控汽油喷射（EFI）	该系统根据各传感器输送来的信号，能有效地控制混合气空燃比，使发动机在各种工况下空燃比达到较佳值，从而实现提高功率、降低油耗、减少排气污染等功效。该系统可分为开环和闭环两种控制。闭环控制是在开环控制的基础上，在一定条件下，由计算机根据氧传感器输出的含氧浓度信号修正燃油供给量，使混合气空燃比保持在理想状态下	
废气再循环控制（EGR）	该系统是将一部分排气中的废气引入进气侧的新鲜混合气中再次燃烧，以抑制发动机有害气体氮氧化合物的生成。该系统能根据发动机的工况适时地调节参与废气再循环的废气循环率，以减少排气中的有害气体氮氧化合物。它是一种排气净化的有效手段	
急速控制（ISC）	该系统能根据发动机冷却液温度及其他有关参数，如空调开关信号、动力转向开关信号等，使发动机的急速处于最佳状态	

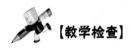
【教学检查】

表 1-5 电子控制系统认识工单

车型		组别	
一、准备工作			
①工量具及仪器的准备			
②认识车辆准备			
二、认识过程			

电控燃油喷射系统的组成

1		2	
3		4	
5		6	
7		8	
9		10	
11		12	
13		14	
15		16	
17			

L型空气供给系统的认识

汽油电控发动机分类　记录：

三、总结

【教学评估】

表1-6 评估

序号	学习内容	评价标准			
		了解	掌握	在指导下操作	可独立操作
1	汽车电控系统的了解				
2	汽车电子技术的优越性				
3	汽车电控系统的组成与分类				
4	发动机电控系统				

课后小结

　　根据前面的学习，我们学习到电控汽油喷射系统根据各传感器输送来的信号，能有效地控制混合气空燃比，使发动机在各种工况下空燃比达到较佳值，从而实现提高功率、降低油耗、减少排气污染等功效。

情境二 汽车专用万用表的使用

 情境引入

　　一辆丰田卡罗拉轿车，行驶里程约 4.8 万千米，装备 4 缸多点燃油喷射发动机，车主反映该车在点火开关打开时，全车无电，汽车无法启动。接车后，维修人员首先验证故障现象，打开点火开关，启动机无动作，且全车没电，发动机无法点火。根据该故障，维修人员首先想到的是使用万用表测量蓄电池电压，看看蓄电池到底有没有电。那么到底怎么使用万用表给蓄电池测量电压呢？

 【教学计划】

（1）能够识别并指出万用表各选择开关和功能键的作用；

（2）能够使用万用表检测电流电压并判断性能；

（3）能够使用万用表检测传感器执行器电信号。

 【教学信息】

　　万用表，又称三用表，是一种多用途的电工仪表。它是维修各种电子仪器及家用电器最常用的工具。大多数万用表采用磁电系表头，利用转换开关，可以测量电阻、直流电压、交流电压、直流电流、交流电流、音频电平等多种电量。有的万用表还可以测量电感、电容、晶体管电流放大倍数等。基于上述基本参数的测试，万用表还可以用来间接检查各种电子元器件的好坏，检查、调试几乎所有的电子设备。

图 2-1　汽车专用万用表的使用

万用表一般由表头、转换开关、测量电路三个主要部分组成。万用表的表头均采用磁电式，其满刻度偏转电流（表头灵敏度）一般为几十微安到几百微安。表头的全偏转电流越小，其灵敏度越高，特性越好。在万用表的表盘上，一般都标有一些数字和符号。这些数字和符号标明了万用表的性能和指标。

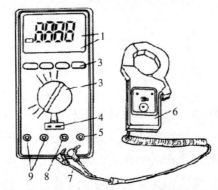

1—数字及模拟量显示屏；2—功能按钮；3—测试项目选择开关；4—温度测量座孔；
5—公用座孔；6—霍尔式电流传感夹；7—引线插头；8—搭铁座孔；9—电流测量座孔

图2-2　数字式汽车万用表基本结构

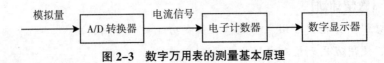

图2-3　数字万用表的测量基本原理

数字式万用表是在直流数字电压表的基础上扩展而成的。为了能测量交流电压、电流、电阻、电容、二极管正向压降、晶体管放大系数等电量，必须增加相应的转换器，将被测电量转换成直流电压信号，再由A/D转换器转换成数字量，并以数字形式显示出来。

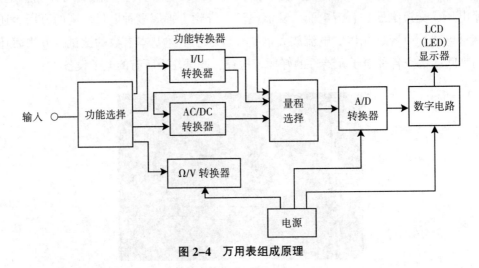

图2-4　万用表组成原理

【教学实施】

实施准备

（1）了解实训室相关规章制度；

（2）穿戴规定的工作服，保障自身人身安全；

（3）准备常用工量具：汽车专用万用表、小盒套筒、螺丝刀、试灯；

（4）准备实训器材：蓄电池、10 安保险丝、开关、12 伏/21 瓦灯泡、12 伏/5 瓦灯泡，连接导线、缘胶布等。

实施过程

一、汽车专用万用表操作界面认识

图 2-5 汽车专用数字式万用表

1. 开关的认识

图 2-6 万用表开关

2. 表盘功能键的认识

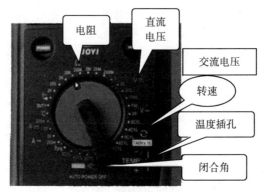

图 2-7　功能键（1）

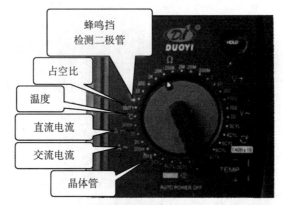

图 2-8　功能键（2）

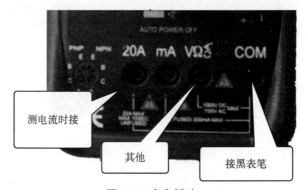

图 2-9　表盘插孔

3. 根据以上知识填写功能键表格

表 2-1 填表

万用表选择功能表	
选择或提示	功能
A	电源开关
B	
C	
D	
E	
F	
G	
H	
I	
J	
K	
L	
M	
N	
O	
P	
R	
S	mA 挡位保险丝提醒
T	

汽车专用万用表

二、常见参数的测量

1. 电流的测量

（1）挡位置于电流测量挡，被测电流从红、黑表笔两端接入；

（2）表笔插到相应的孔内；

（3）估算电流大小，选择相应的挡位（无法确定时从大挡打到小挡）；

（4）测量时与被测量设备串联；

（5）指针表看挡位取刻度读数，数字表显示相应的值，为 0 时，挡位打得太大；为 1 时挡位打得太小。前面有"一"说明电流实际方向与测量表笔方向相反。

2. 电压的测量

（1）挡位置于电压测量挡，红黑表笔接在被测设备两端；

（2）表笔插到相应的孔内；

（3）估算电压的大小，选择相应的挡位（无法确定时从大挡打到小挡）；

（4）测量时与被测量设备并联；

先区分交、直流电，四个挡上的数字代表这四个挡所能流过的最大电流值

注意：电流的测量是将表串入被测电路
表笔用法：红表笔根据估计电流大小插入标有"mA"或"A"的孔中
$1A=1×10^3mA$

图 2-10　电流的测量

（5）指针表看挡位取刻度读数，数字表显示相应的值，为 0 时，挡位打得太大；为 1 时挡位打得太小。前面有"—"说明电压实际方向与测量表笔方向相反。

先区分交、直流电，六个挡上的数字代表这六个挡所能测量的最大电压值

注意：电压的测量是将表并入被测电路
表笔用法：红表笔插入标有"V"孔中
$1kv=1×10^3V$
$1v=1×10^3mV$

图 2-11　电压的测量

3. 电阻的测量

（1）挡位置于电阻测量挡，红黑表笔接到被测设备（电阻）两端。

（2）表笔插到相应的孔内。

（3）估算电阻大小，选择相应的挡位（无法确定时随便选一挡位进行初测）。

（4）测量时与被测量设备并联，设备断点测量，测量受其他设备影响时，设备要脱离电路测量。

（5）指针表挡位乘刻度读数，数字表显示相应的值，为 0 时，挡位打得太大；为 1 时，挡位打得太小。

4. 转速的测量

（1）根据阻值范围，把万用表的量程选择开关旋到转速 RPM 挡上。

这七个挡是电阻测量挡，上面标示的是各挡所能测量的最大值

可用来测量导线的通断，电阻值的大小，当你用某个量程测电阻时如果显示为"1"时，表示你所选的量程小了，也就是说超量程了，这时你要换一个更大的量程来测量

注意：测量电阻时断电在常温下测量

表笔用法：红表笔插入标有"Ω"孔中

$1M\Omega=1\times10^3k\Omega$

$1k\Omega=1\times10^3\Omega$

图 2-12　电阻的测量

图 2-13　测量转速选择的量程

（2）使用感应式转速传感器来测量，然后将感应式转速传感器夹子夹住某一缸的高压分线。

图 2-14　测量发动机的转速

（3）测得的发动机的转速为 550 转/分。

图 2-15　测得转速结果读数

5. 串联电路参数的测量

（1）搭接如图 2-16 所示串联电路。

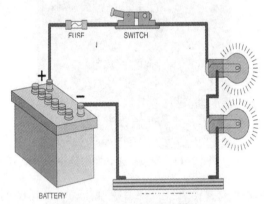

图 2-16　串联电路的搭建

（2）测量以下数据。

表 2-2　测量数据（一）

检测项目	实测值
①L1 电阻	
②L2 电阻	
③线路总电阻	
④L1 工作电压	
⑤L2 工作电压	
⑥线路总电压	
⑦L1 工作电流	
⑧L2 工作电流	
⑨线路总电流	

6. 并联电路参数的测量

（1）搭接如图 2-17 所示并联电路。

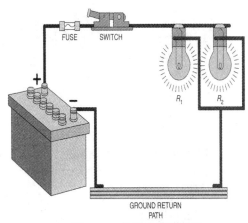

图 2-17 并联电路的搭建

（2）测量以下数据。

表 2-3 测量数据（二）

检测项目	实测值
①L1 电阻	
②L2 电阻	
③线路总电阻	
④L1 工作电压	
⑤L2 工作电压	
⑥线路总电压	
⑦L1 工作电流	
⑧L2 工作电流	
⑨线路总电流	

三、汽车万用表在检查电控系统中的注意事项

（1）除在测试过程中特殊指明者外，不能用指针式万用表测试电子控制单元（ECU）和传感器，应使用高阻抗数字式万用表，万用表内阻应不低于 10 千欧。在进行测量前，必须对万用表进行调零。

（2）首先要检查熔丝、易熔线和接线端子的状况，在排除这些地方的故障后，再用万用表进行检查。

（3）在用万用表检查防水型连接器时，应该小心地取下皮套，如图 2-18（a）所示，用测试表笔插入连接器检查时不可对端子用力过大，如图 2-18（b）所示。检测时，测试表笔可以从带有配线的后端插入，如图 2-19（a）所示，也可以从没有配线的前端插入，如图 2-19(b) 所示。

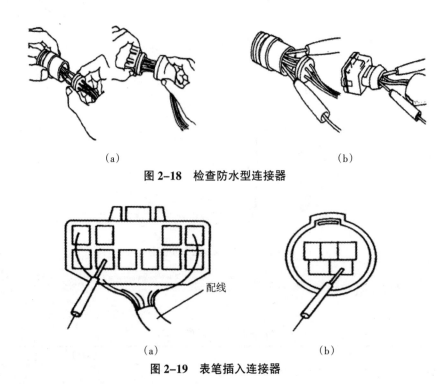

（a）　　　　　　　　　　　（b）

图 2-18　检查防水型连接器

（a）　　　　　　　　　　　（b）

图 2-19　表笔插入连接器

　　（4）检查线路断路故障时，应先脱开 ECU 和相应传感器的连接器，然后测量连接器相应端子间的电阻，以确定是否有断路或接触不良故障。

　　（5）在拆卸发动机电子控制系统线路之前，应首先切断电源，即将点火开关断开（关），拆下蓄电池极柱上的接线。

　　（6）连接器上接地端子的符号因车型的不同而不同，应注意对照维修手册辨认。

　　（7）测量两个端子间或两条线路间的电压时，应将万用表（电压挡）的两个表笔与被测量的两个端子或两根导线接触；而测量某个端子或某条线路的电压时，应将万用表的正表笔与被测的端子或线路接触；而将万用表的负表笔与地线接触。

　　（8）检查端子、触点或导线等的导通性，是指检查端子、触点或导线等是否通电或断开，可用万用表电阻挡测量其电阻值的方法进行检查。

　　（9）所有传感器、继电器等装置都是和 ECU 连接的，而 ECU 又通过导线和执行部件连接，所以在检查故障时，可以在 ECU 连接器的相应端子上进行测试。

【教学检查】

表 2-4　汽车专用万用表操作工单

车型		组别	
一、准备工作			
①工量具及仪器的准备			
②被测车辆准备			
二、操作过程			
仪器、车辆准备	要领：		
连接万用表	操作要领：		
电流的测量	记录：		
电压的测量	记录：		
电阻的测量	记录：		
三、实训结论			

【教学评估】

表 2-5　评估

序号	学习内容	评价标准			
		了解	掌握	可指导操作	可独立操作
1	万用表表盘的认识				
2	电压的测量				
3	电阻的测量				
4	发动机转速的测量				
5	万用表的读数				

课后小结

　　根据前面的学习，我们学习到测量两个端子间或两条线路间的电压时，应将万用表（电压挡）的两个表笔与被测量的两个端子或两根导线接触；而测量某个端子或某条线路的电压时，应将万用表的正表笔与被测的端子或线路接触；而将万用表的负表笔与地线接触。

情境三 KT600 解码仪器的使用

【情境引入】

　　一辆卡罗拉轿车，行驶里程约为 76000 千米，装备 4 缸多点燃油喷射发动机，车主反映在行驶中出现加速不良的故障。接车后，维修人员首先验证故障现象，观察发动机怠速运转时有轻微抖动，慢踩油门踏板发动机有顿车及抖动现象，在急加速时故障明显。据维修经验，先检查发动机电控系统，接上解码器读取故障码。那么到底怎么使用解码器进行电控发动机的故障诊断呢？

【教学计划】

　　（1）掌握利用解码器检测发动机故障的方法及原理分析出进气系统和燃油系统的可能故障点；

　　（2）根据 KT600 检测显示异常指示找出发动机故障的原因；

　　（3）它可以实时采集点火、喷油、电控系统传感器的波形，通过对传感器波形的分析可以准确地诊断传感器是否故障，通过对点火波形的分析不仅可以诊断点火系统的火花塞、高压线、点火线圈等各元器件故障。

【教学信息】

　　金德 KT600 的示波器功能的研发在国内首次真正实现了次级点火波形的实时显示，KT600 装备业内领先的 32 位主控 CPU+高速数字处理芯片，保证在高达 20MHz 采样频率的情况下仍能实时地处理信号。

　　高速五通道汽车专用示波器，并可以进行参考波形存储。

　　汽车初级、次级点火波形分析。有纵列、三维、阵列、单缸等多种次级波形显示方式，并显示点火击穿电压、闭合角、燃烧时间等。精确的点火同步，自动检测点火信号桀性，无论是分电器点火、独立点火、双头点火都能可靠检测，相当于一台手持式发动机分析仪。

　　可以把强大的诊断、示波、存储、升级方式等功能按照自己的需要任意组合。既可选择配置三通道示波器，也可选择五通道示波器。可对汽车智能 ID 钥匙进行检测和诊断，具有编程器的数据芯片读写分析功能，可直接访问汽车电脑数据，并对汽车电脑数据进行分析，实现对汽车电脑的高级访问与控制功能。配备压力接头和温度探头后具有压力和温度测量功能，相当于4通道压力表和4通道温度表。

图3-1 解码器工具箱

【教学实施】

实施准备

（1）了解实训室相关规章制度；

（2）穿戴规定的工作服，保障自身人身安全；

（3）实训器材：常用工具1套、汽车专用解码器1台、正常工况运转车一辆。

实施过程

一、解码器主机界面的认识

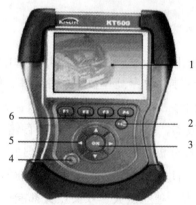

图3-2 KT600解码器主机界面

表 3–1　KT600 解码器主机界面按键

序号	项目	说明
1	触摸屏	TFT640×480（6.4 寸）真彩屏，触摸式
2	ESC	返回上级菜单、退出
3	OK	进入菜单、确认所选项目
4	⏻	电源开关
5	［▲］［▼］［▶］［◀］	方向选择键
6	F1　F2　F3　F4	多功能辅助键

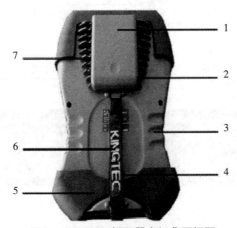

图 3–3　KT600 解码器主机背面视图

表 3–2　KT600 解码器主机背面细节介绍

序号	项目	说明
1	打印盒	内装热敏打印机和 2000mAh 锂电池
2	打印机卡扣	按下打印机卡扣，滑出打印盒盖板，安装打印纸
3	手持处	凹陷设计更人性化，有利于手持使用
4	卡锁	锁住诊断盒（或示波盒）确保它们和仪器的连接
5	胶套	保护仪器，防止磨损
6	保护带	防止手持时仪器滑落
7	触摸笔槽	用于插装触摸笔

二、解码器接口及连接线的认识

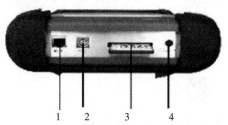

图 3-4　KT600 解码器上接口视图

表 3-3　KT600 解码器上接口介绍

序号	项目	说明
1	网口	直插网线可实现在线升级
2	PS/2	可外接键盘和鼠标，也可通过转接线转成串口和 USB 口
3	CF 卡	CF 卡插口
4	Power	接这个端口给主机供电

图 3-5　KT600 解码器下接口视图

表 3-4　KT600 解码器下接口介绍

序号	项目	说明
1	CH1	示波通道 1
2	CH2	示波通道 2
3	CH3	示波通道 3/触发通道（在三通道示波卡中）
4	CH4	示波通道 4
5	CH5	触发通道

表 3-5　KT600 解码器连接线的介绍

图片	名称	功能
	电源延长器	给主机提供电源，可以连接汽车点烟器接头或者汽车鳄鱼夹
	汽车点烟器接头	连接电源延长线和汽车点烟器给主机供电
	汽车鳄鱼夹	连接电源延长线和汽车电瓶给主机供电

续表

图片	名称	功能
	串行通信线	连接主机 RS-232 串口和 PC 机串口实现联机或软件升级
	测试探针	连接到通道 1、2、4、5 输入，带接地线，可以×1 或者×10 衰减
	示波延长线	可以连接 CH1、CH2、CH4、CH5 通道，主要功能是延长输入信号
	感性感应夹	连接 CH3（CH5）通道，可以检测发动机转速，并认为被夹高压线为第一缸高压线
	容性感应夹	可以接 CH1、CH2 通道，感应次级点信号
	示波连接线	可以对接地线或者信号线进行延长，方便连接

三、使用 KT600 解码器进行汽车故障诊断

1. 连接设备

1—KT600 测试口　2—测试延长线　3—专用测试接头
4—KT600 电源接口　5—电源延长线　6—双钳电源线

图 3-6　解码器连接设备

2. 进入诊断系统主菜单

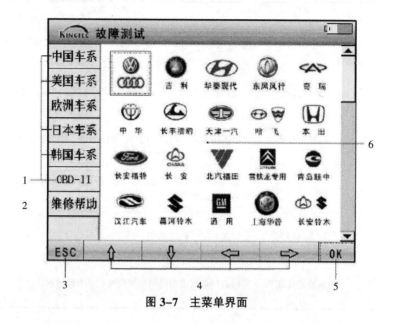

图 3-7　主菜单界面

（1）车系的选择：国产车系、美国车系、欧洲车系、日本车系、韩国车系、OBDII 等，请根据被测车辆准确选择。

（2）维修帮助：包含了"音响解码功能"、"演示教程"、"资料库"、"电路图"、"KT 系列注册升级指导"、"防盗系统"、"遥控器系统"和"维修手册"（包含故障码分析、数据流分析、基本设定与调整技巧、控制单元编码技巧、第二、第三代防盗系统匹配）。

（3）ESC：触摸按钮、退出、返回上级菜单。

（4）OK：触摸按钮、确认选择。

3. 测试演示

为了更好地对仪器进行"故障测试"，仪器特别提供了"测试演示"功能。下面我们通过"测试演示"来介绍进行故障测试的方法。

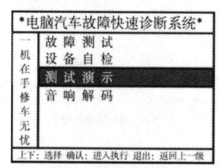

图 3-8　测试演示界面

进入"汽车检测"后菜单显示"故障测试"、"设备自检"和"测试演示"、"音响解码"四大项目。屏幕下方还会显示"上下"、"确认"、"退出"。用上下键移动，再按确认键选中执行，按退出键返回上一级菜单。

选中"测试演示"，再按确认，这里的演示汽车是宝马。选中"宝马"项目，再按确认，电脑会显示可以测试的控制系统，这里仅演示宝马的"发动机控制系统"。进入"发动机控制系统"，按左键，界面出现诊断座图。这里显示了宝马汽车诊断座的位置和外形。这是仪器独到的优点之一。在这幅图中包含了三幅小图，上面这幅图是标注水平方向诊断座的位置，中间这幅图是标注垂直方向诊断座的位置，下面这幅图是诊断座的外形。通过这样提示，维修人员很容易就可以找出诊断座的确切位置，并拿出相应的测试接头进行连接。再按任意键返回到上一步目录。

（1）读取故障码。所谓"故障码"就是"汽车电脑自诊断故障码"，它是由汽车电脑在启动前和运行过程中对汽车的各个部件进行性能测试时，发现了故障后以代码的方式储存在汽车电脑中的信息。比如说，当水温传感器断路时，电脑会检测到该传感器的接口信号突然发生跳变，或者偏离了允许的正常值，这时电脑就会把该状态记忆下来。那么"读取故障码"就是把汽车电脑中的故障码信息读取出来，并加以正确的解释。

在这里演示系统读出 05 、41 两个故障码，05 号码的意思是"第 2 缸喷油嘴线路短路或断路"，41 号码的意思是"空气流量计线路短路或断路"。这里我们解释一下故障码含义里表达的内容，仪器的故障码含义中一般都包含有故障位置和故障性质两段含义。比如这个"05"故障码，"第二缸喷油嘴线路"是故障的位置，"短路或断路"是故障的性质。有些车型的故障码定义的故障性质比较详细，包括短路到地、短路到电源、开路、接触不良、信号过高、信号过低、变动太快、变动过慢等。这样维修人员就很容易加以区分。

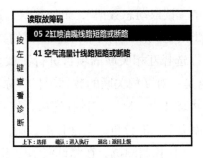

图 3-9　读取故障码

仪器读取故障码时采用了动态读码方式，也就是不断地与汽车电脑进行通信，一旦发现新的故障，马上可以读取出来。

（2）清除故障码。"清除故障码"就是把汽车电脑中的故障码信息清除掉。只有排除了汽车故障以后，才能清除故障码。选中"清除故障码"，再按确认即开始清除故障码。如果清码之前，汽车故障已经被维修好了，那么原有的故障码将被清除掉。完成清码操作后，仪器会自动做一次读取故障码的操作，如果还读出有故障码，那就说明还有某个故障仍未排除。这里，演示系统清码后仍读出有一个"41"故障码，这就说明已经清除了"05"号故障码。而"41"号故障仍未排除。那么这辆车还需要进一步检修。

（3）读取动态数据流。对于更复杂的故障，我们需要进行动态数据流和元件控制测试。所谓"数据流"就是由汽车电脑以连续不断的方式把某系统的各种运行参数和工作状态发送出来的电信号。这种数据流信号的频率一般都很高，用简单的工具是无法收集起来的。只有高性能的故障测试仪才能采集下来，并加以分类、列表显示在屏幕上供维修人员观测，从中找出问题的原因。数据流的项目很多，发动机系统常见的数据流有：引擎转速、节气门位置传感器电压值、氧传感器电压值、喷油嘴喷射时间、冷却水温度、进气温度、怠速开关状态、空气流量、大气压力、点火提前角、曲轴位置信号、电瓶电压等。

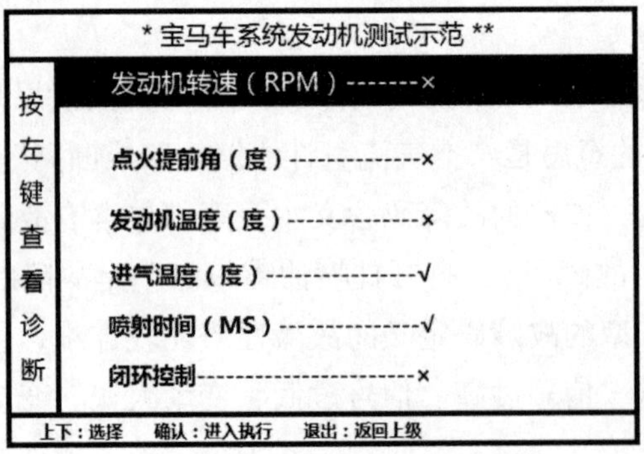

图 3-10　读取动态数据流

选中"读取动态数据"，再按确认，这时屏幕会显示"数据流项目选择"框，这个界面列出的是当前这种车型能够测试的数据流项目。但是为了更直观地反映汽车的状况，最好选择互相关联的项目进行测试。例如，"节气门位置传感器"和"发动机转速"，这是一对互相关联的数据项目。你可以用上下键进行选择，按 F1 键选定（此时所选项状态变为"√"），选择完毕，按"确认"键开始测试。在下一节我们还有对读取数据流更深入的分析，请您仔细参阅。

（4）元件控制测试。在测试演示中未出现"元件控制测试"，但作为仪器一个重要的检测功能，在这里也讲一下。"元件控制测试"就是用仪器强制汽车电脑给车内执行元件发出控制命令，让其开启或关闭，从而很直观地判断该元件是否正常。首先按上下翻页键将光标移至所选元件，按"ENTER"键选中，然后按任意键切换元件的开关状态，按"ENTER"键开始测试。每个元件逐一测试，不能同时测试多个元件。我们可以通过"听"、"看"、"摸"等手段去判断元件的好与坏。

四、部分车型诊断位置图

1. BMW735i 诊断座位于发动机室左边

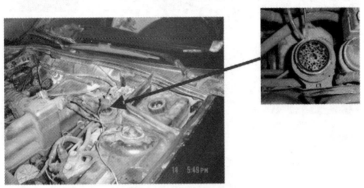

图 3-11　BMW 车型诊断

2. Benz S320 诊断座位于仪表板下

图 3-12　Benz S 级车型诊断

3. Benz C180 诊断座位于发动机室右后侧

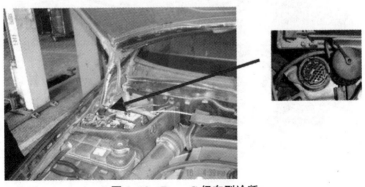

图 3-13　Benz C 级车型诊断

4. 丰田皇冠3.0诊断座位于发动机室进气歧管旁

图3-14　丰田皇冠车型诊断

5. 丰田凌志诊断座位于发动机室左侧

图3-15　丰田凌志车型诊断

6. 日产阳光2.0LS诊断座位于仪表板下转向柱附近

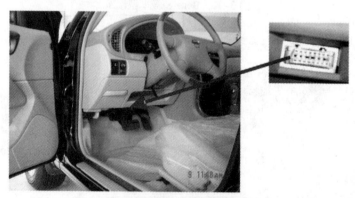

图3-16　日产阳光车型诊断

7. 上海大众帕萨特 B5 诊断座位于变速杆后，驻车制动杆旁

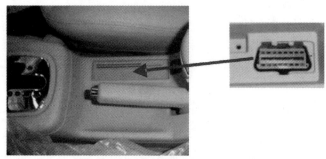

图 3-17　上海大众帕萨特车型诊断

8. 上海大众桑塔纳 2000 诊断座位于变速杆防尘罩下

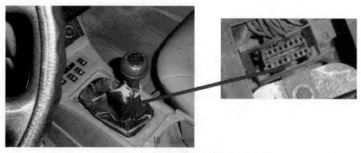

图 3-18　上海大众桑塔纳车型诊断

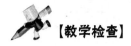【教学检查】

表 3-6　KT600 解码器操作工单

车型		组别	
一、准备工作			
①工量具及仪器的准备			
②被测车辆准备			
二、操作过程			
仪器、车辆准备	要领：		
连接解码器	操作要领：		

续表

	记录：
读取故障码	
读取数据流	记录：
清除故障码	记录：

三、实训结论

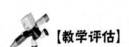【教学评估】

表3-7 评估

序号	学习内容	评价标准			
		了解	掌握	可指导操作	可独立操作
1	解码器主机界面的认识				
2	解码器接口的认识				
3	解码器的连接				
4	读取故障码				
5	大众车型诊断				

 课后小结

　　根据前面的学习，我们了解到 KT600 解码器的使用是：首先连接 OBD Ⅱ诊断插座；打开点火开关；打开解码器电源开关；接着点击汽车诊断按键；点击大众车标按键；然后读取故障码，最后对故障进行排除。

情境四　电控发动机喷油器的检测

 情境引入

　　一辆丰田卡罗拉轿车，行驶里程 80763 千米，用户反映该车加速行驶时无力、发动机抖动。维修人员接车后试车，发现该车不仅是怠速抖动，而且车辆明显加速无力。经初步诊断，无故障码，且点火系和汽缸压力正常。那么会不会是喷油器出现了故障才导致了这样的情况呢？我们一起来看看吧！

 **【教学计划】**

1. 认识电控发动机喷油器的构造与工作原理；
2. 了解电控发动机喷油器的常见故障；
3. 掌握电控发动机喷油器的检测方法。

【教学信息】

一、喷油器的结构

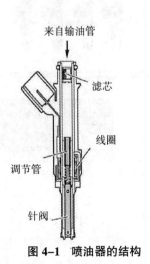

图 4-1　喷油器的结构

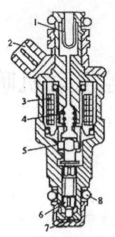

1—滤网；2—电缆接头；3—电磁线圈；4—回位弹簧；
5—衔铁；6—针阀；7—轴针；8—密封圈

图4-2 喷油器的结构

二、喷油器的作用

燃油供给系是电控燃油喷射系统（EFI）的重要组成部分，主要作用是为发动机提供一定压力的燃油，保持油压恒定，并在发动机控制电脑（ECU）的控制下，适时地向进气歧管或汽缸内喷入适量的汽油，与进气形成良好的混合气。

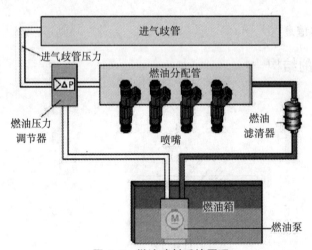

图4-3 燃油喷射系统原理

喷油器是燃油供给系中的重要零件，通常安装在进气歧管或汽缸盖上。其作用是按照发动机ECU计算出的喷射正时和脉宽（喷油量），向进气歧管或汽缸内喷射燃油，喷油器实际上是一个电磁阀，ECU通过控制其电磁阀线圈的电流通断（接地线的通断）控制喷油器的工作。当有电流通过时，喷油器柱塞被吸引，针阀上升，即实现燃油喷射。为了保证喷油的精确度，喷油器的球阀或针阀与阀座都要求有很高的加工精度，而且阀体的升程微小，只有 0.1 毫米左右。如果燃油中杂质含量较高，或者喷油器喷嘴被长期形成的胶质物堵塞，就会影响喷油器的正常工作，导致发动机怠速不稳、起动困难、动力不足甚至熄火等多种故障。

三、喷油器的安装

SPI（单点电喷）系统的喷油器位于节气门体空气入口处；MPI（多点电喷）系统的喷油器通过绝缘垫圈安装在各进气歧管或进气道附近的缸盖上，并用输油管路固定。

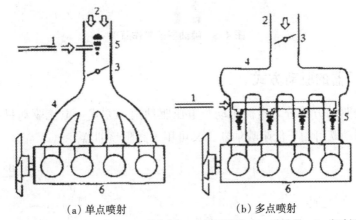

（a）单点喷射　　　　（b）多点喷射

1—燃油流向；2—空气流向；3—节气门；4—进气歧管；5—喷油器；6—发动机

图 4-4　喷油器的安装与分类

四、喷油器的分类

喷油器有几种不同的分类方式：

（1）按用途可分为 SPI 用和 MPI 用；

（2）按燃料的送入位置可分为上部给料式和下部给料式；

（3）按喷口形式可分为孔式和轴针式；

（4）按电磁线圈阻值可分为低阻式和高阻式。

五、喷油器的工作原理

ECU 的喷油控制信号将喷油器与电源回路接通时，电磁线圈通电并在周围产生磁场，吸引衔铁移动，而衔铁与阀体一体，因此克服弹簧张力而打开，燃油即开始喷射。当 ECU 将电路切断时，吸力消失，弹簧使阀体关闭，喷射停止。

喷油量的多少取决于阀体行程、喷口截面积及喷射环境压力与燃料压力的压差和喷油时间。当前述各因素确定时，喷油量取决于阀体的开启时间，即电磁线圈的通电时间。

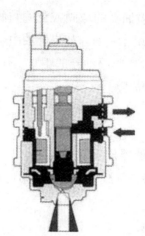

图 4-5 喷油器的工作原理

六、喷油器的驱动方式

喷油器的驱动方式分为电流驱动与电压驱动两种方式。电流驱动只适用于低阻喷油器，电压驱动既可用于低阻喷油器，又可用于高阻喷油器。

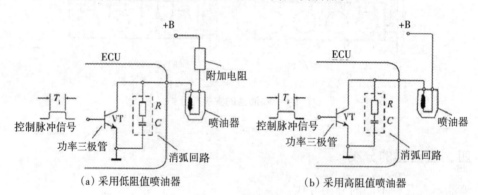

（a）采用低阻值喷油器　　　　　　（b）采用高阻值喷油器

图 4-6 电压驱动

七、喷油器的控制电路

发动机工作时，各种传感器将检测到的信息送往 ECU，ECU 经运算判断后输出控制信号，控制功率三极管的导通与截止。当功率三极管导通时，即接通喷油器电路，喷油器打开而开始喷油。当功率三极管截止时，切断喷油器电路，喷油器关闭而停止喷油。但是，由于各缸的燃油有独立喷射、分组喷射和同时喷射三种喷射方式，相应的控制电路也存在一定的差别。

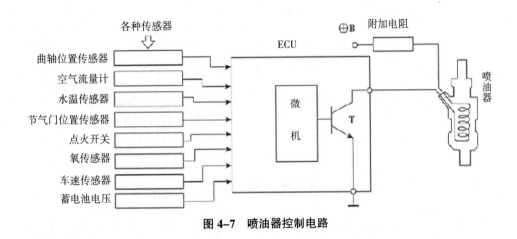

图4-7　喷油器控制电路

1. 独立喷射式

由于各缸喷油器按照发动机的工作顺序进行独立喷射，控制各喷油器的功率三极管也相互独立，ECU中功率三极管及控制回路的数量等于喷油器的数量。在这种情况下，一个功率三极管或控制回路发生故障，只会影响一个汽缸的工作。

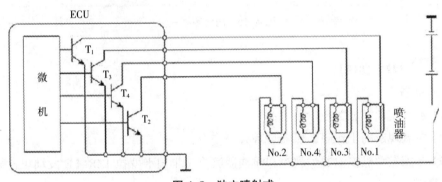

图4-8　独立喷射式

2. 分组喷射式

由于各缸喷油器进行分组喷射，同组内的喷油器同时喷射燃油，因此，同组内的喷油器可以由同一个功率三极管进行控制，ECU内功率三极管的数量等于喷油器分组的数量。在这种情况下，一个功率三极管发生故障，将会影响同一组内所有汽缸的工作。

3. 同时喷射式

由于所有喷油器同时喷油，因此，所有喷油器可以由同一个功率三极管进行控制，ECU内只需要设置一个功率三极管即可。在这种情况下，该功率三极管发生故障，将会影响所有汽缸的工作。

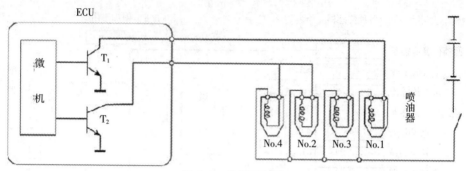

图 4-9　分组喷射式

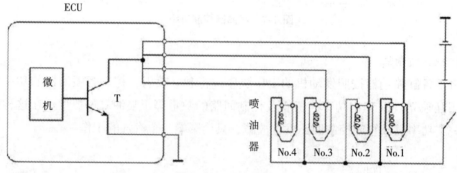

图 4-10　同时喷射式

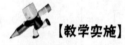【教学实施】

实施准备

（1）了解实训室相关规章制度；

（2）穿戴规定的工作服，保障自身人身安全；

（3）电控发动机喷油器示教板和喷油器实物，丰田卡罗拉 1ZR-FE 发动机台架。

实施过程

一、喷油器的检测与诊断

1. 测喷油器的电阻值

拔下喷油器插头，用万用表测喷油器两插脚之间的电阻值，应符合维修手册的要求（低阻值喷油器的电阻值一般为 2~3 欧，高阻值喷油器的电阻值一般为 13~17 欧）。如不符合要求，则更换喷油器。

2. 检查喷油器的工作情况

起动发动机，并用手触摸喷油器外表，应能感受到喷油器因开闭而产生的震动，用触杆式听诊器还能听到喷油器工作的声音。

如果感受不到喷油器的震动，或听不到喷油器工作的声音，则可以用人工通电的方法进行测试。

方法为：拔下喷油器电插头，将喷油器的一个插脚接 12 伏电源（对于低阻值喷油器，电路中应串联一个 10 欧左右的电阻，或从喷油器原插头中获取电源），用导线将另一个插脚间断碰触搭铁，应能够听到喷油器发出的"咔嗒"声。否则，更换喷油器。

如果用人工通电的方法进行测试时，喷油器正常，但起动发动机时，喷油器不工作，则说明喷油器控制电路存在故障，应进行喷油器控制电路检查。

二、喷油器的清洗

1. 离车清洗

将各喷油器从发动机上拆下来，并装在喷油器清洗检测实验台上，按照清洗检测实验台的操作说明进行清洗与检测。

该方法的优点是可以清楚地看到喷雾的形状，可以检测各喷油器的喷油量及喷油量的均匀性，还可以检测喷油器的滴漏情况，清洗的效果比较直观。

该方法的缺点是需要从发动机上拆下喷油器，且只能对喷油器本身进行清洗，不能清洗燃料供给系统的油路污物。

喷油器清洗检测实验台的外形如图 4-11 所示。由于喷油器的内部有滤芯，为了保证清洗效果，最好采用先反向清洗，再正向清洗的方式进行清洗。

维修提示：喷油器的 O 形圈不可重复使用。安装 O 形圈时，应先将其涂上汽油。把喷油器向输油管上安装时，小心不要损坏 O 形圈。把喷油器安装到输油管上后，用手转动喷油器。若喷油器旋转不平滑，则说明 O 形圈已经损坏。

图 4-11　喷油器清洗检测试验台

2. 就车清洗

专用的就车清洗机内装有加了除炭剂的燃油和电动燃油泵，可将清洗机的连接管与发动机燃油总管上的油压检测口及油压调节器回油管连接，如图 4-12 所示。同时断开汽车上的燃油泵电路（拔下燃油泵熔断丝即可），然后接通清洗机的电动燃油泵电路，起动发动机并以 2000 转/分左右的转速保持运转，约 10 分钟即可完成清洗。

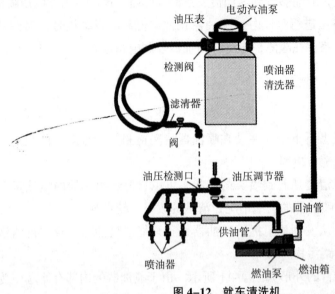

图 4-12　就车清洗机

三、喷油器控制电路的检查

1. 喷油器电源供给情况检查

拔下喷油器电插头，接通点火开关，用万用表测插头中电源脚的搭铁电压，应为 12 伏。否则，检查电源电路。

2. 喷油器与 ECU 的连接情况检查

用万用表测喷油器插头中控制脚与 ECU 相应插脚之间的连接情况，应该导通。否则，查找断路点。

用万用表测喷油器插头中控制脚与搭铁之间的电阻，应该不通，否则说明控制线路与搭铁之间有短路故障或 ECU 内部功率三极管发生短路故障，这种短路会造成喷油器连续喷油，引起发动机冒黑烟、运转不稳或不能起动等。

短路点的确定：拆下发动机 ECU 插头，再次用万用表测喷油器插头中控制脚与搭铁之间的电阻，如果仍然导通，则说明短路点在控制线路中；如果不再导通，则说明 ECU 内部功率三极管短路，则应更换发动机 ECU。

四、丰田卡罗拉 1ZR-FE 发动机喷油器控制电路检测

丰田卡罗拉 1ZR-FE 发动机喷油器控制电路如图 4-13 所示：

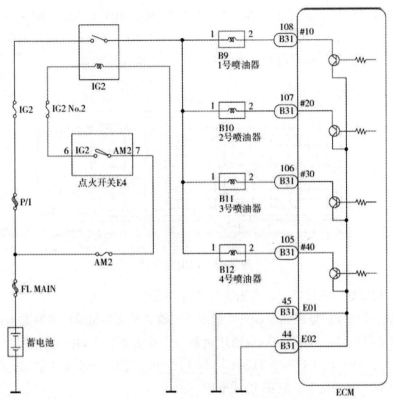

图 4-13　卡罗拉 1ZR-FE 发动机喷油器控制电路

喷油器控制电路的检测流程：

（喷油器不工作）—喷油器供电是否正常—喷油器本身是否正常—喷油器与 ECU 之间的线路是否正常（如果以上各项全部正常，则更换 ECU）。

检测步骤：

（1）检查喷油器供电情况。断开喷油器连接器（喷油器连接器形状如图 4-14 所示），接通点火开关，用万用表测量 B9-1、B10-1、B11-1、B12-1——车身搭铁之间的电压，应为 9~14 伏。如正常则接好连接器，异常则检查喷油器供电电路（转步骤 4）。

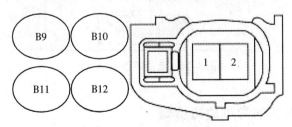

图 4-14　喷油器连接器形状

（2）检查喷油器本身。测电阻、人工通电测试。

（3）检查喷油器与 ECU 之间的线路。断开喷油器连接器及 ECU 连接器（ECU 连接器形状如图 4-15 所示），用万用表测量 B9-2——B31-108（#10）、B10-2——B31-107（#20）、B11-2——B31-106（#30）、B12-2——B31-105（#40）之间的电阻，应小于 1 欧姆；测量这些端子与车身搭铁之间的电阻，应在 10 千欧姆以上。

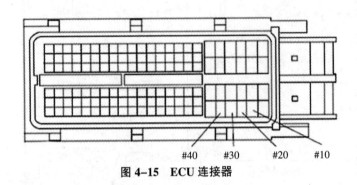

#40   #30   #20   #10

图 4-15 ECU 连接器

如正常则接好各连接器，异常则维修或更换线束。

（4）检查喷油器供电电路。断开喷油器连接器，从发动机舱继电器盒上拆下喷油器继电器（IG2 继电器），断开该继电器连接器（该连接器形状如图 4-16 所示），用万用表测量 B9-1、B10-1、B11-1、B12-1 与 1A4 之间的电阻，应小于 1 欧姆；测量这些端子与车身搭铁之间的电阻，应在 10 千欧姆以上。

如正常则检查 ECU 的电源电路，异常则维修或更换线束。

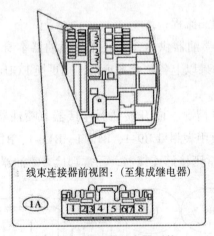

线束连接器前视图：（至集成继电器）

1A   1 2 3 4 5 6 7 8

图 4-16 喷油器继电器形状

五、电磁喷油器的常见故障检修

（一）故障一

1. 故障现象

发动机动力下降，怠速发抖，启动困难，严重时甚至不能启动。

2. 故障原因

喷油器堵塞，喷油雾状不良，喷油器卡滞等，造成喷油量减少或各喷油器的喷油量相差太大；或者是某个喷油器卡死或线圈有故障，造成个别喷油器不喷油所致。

3. 故障检测

检测电磁喷油器线圈的电阻值：喷油器按线圈电阻值分为低阻值型（2~3 欧姆）和高阻值型（11~17 欧姆）两种，多数车型采用高阻值的线圈。检测时，拔下喷油器的接头，将数字万用表两表棒接到喷油器的两个接线端，测量喷油器线圈的电阻值，要求电阻值应符合要求，各缸喷油器的阻值应相等。否则，应更换喷油器。

检测喷油器工作情况，首先，拔下喷油器的接头；然后，将蓄电池 12 伏的电压接到喷油器线圈的两接线端，单独给喷油器通电，应能听到清脆的吸合声，否则是喷油器有卡滞，应换新件。低阻型的喷油器检测时，要串联一个合适的电阻器。在检测中每次通电的时间要短，以免线圈过热烧毁。

检测喷油量和喷油雾状，首先，将喷油器和供油总管一起拆下来，然后，将蓄电池的电压接到燃油泵的继电器的插座上，使燃油泵连续工作，接着，拔下喷油器的接头，并接上 12 伏的工作电压，使喷油器单独通电，测量连续喷油 15 秒的喷油量，要求应为 50~60 毫升，各个喷油器的喷油量相差应少于 5 毫升。同时观察喷出的汽油应形成均匀并分散成一定锥度的良好雾状。否则，清洗或者更换喷油器。

（二）故障二

1. 故障现象

发动机热启动困难，油耗高，严重时还会冒黑烟。

2. 故障原因

喷油器漏油，造成混合气过浓，发动机熄灭后，汽油还不断地滴入进气管内，造成热车启动困难。

3. 故障检测

喷油器漏油的检查，首先，应保持燃油泵连续工作，使油压达到正常；然后，将喷油器的喷口擦拭干净，观察其漏油情况，要求滴油量每分钟不能超过 1 滴。否则，应清洗或者更换喷油器。

喷油控制信号的检查，首先，应在喷油器的控制接线端接上示波器；然后，启动发动机运转，观察控制信号的喷油时间，正常怠速的喷油时间一般为 2~3 毫秒，加速时的喷油时间应随着转速增加而增加，特别是急加速时，喷油时间可增加到 7~12 毫秒。

喷油时间不正常或没有控制信号，应检查与喷油量有关的各传感器信号、喷油器与 ECU 的连接线路、ECU 等是否正常，该故障和喷油器本身无关。

【教学检查】

表 4-1　电控发动机喷油器检修工单

车型		组别	
一、准备工作			
①工量具及仪器的准备			
②被测车辆准备			
二、操作过程			

喷油器的清洗	离车清洗要点： 就车清洗要点：
喷油器电阻检测	检测结果： 低阻值喷油器标准电阻为 Ω 高阻值喷油器标准电阻为 Ω 实际测量值为：

一缸电阻	二缸电阻	三缸电阻	四缸电阻

喷油控制信号检查	检查结果：
喷油器拆卸	操作要领：
喷油器性能检测	检测结果：

	1号	2号	3号	4号
喷油雾化检测				
密封性检测				
喷油量检测				

三、实训结论

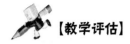

【教学评估】

表 4-2　评估

序号	学习内容	自我评价			
		了解	掌握	在指导下操作	可独立操作
1	喷油器的基本认识				
2	喷油器的控制电路				
3	喷油器的检测与诊断				
4	1ZR-FE 发动机喷油器控制电路检测				
5	电磁喷油器的常见故障检修				

课后小结

　　根据前面的学习，我们学习到检查喷油器的工作情况应该拔下喷油器电插头，将喷油器的一个插脚接 12 伏电源（对于低阻值喷油器，电路中应串联一个 10 欧姆左右的电阻，或从喷油器原插头中获取电源），用导线将另一个插脚间断碰触搭铁，应能够听到喷油器发出的"咔嗒"声。否则，应更换喷油器。

情境五 电控发动机油压的检测

📖 **情境引入**

一辆卡罗拉轿车，该车在行驶途中突然熄火无法启动。经过现场检查，确定正时齿带断裂。随后该车被拖到维修站检修。维修人员接修该车后，进行初步检查，发现正时齿带并不是老化而断的，转动凸轮轴时，发现凸轮轴已经抱死无法转动。经过以上检查，确定为油底壳严重变形，影响机油泵吸油，发动机高速运转时，上到缸盖上的机油压力过低，不能良好润滑凸轮轴，导致其与轴承抱死，同时也造成曲轴轴承拉伤的严重后果。那么如何检查机油压力呢?

【教学计划】

(1) 掌握燃油供给系统组成、结构、工作原理;

(2) 掌握燃油供给系统压力及其变化规律;

(3) 掌握燃油供给系统各部件的检测与更换;

(4) 能够进行燃油压力测试，并根据测试结果进行故障诊断与排除。

【教学信息】

燃油供给系统一般由燃油箱、电动燃油泵、燃油滤清器、压力缓冲器、油压调节器、喷油器等零部件组成。其中，燃油泵磨损或卡滞、燃油滤清器阻塞等会引起供油压力下降或中断;燃油压力缓冲器和油压调节器失常，会引起供油压力过高、过低或不稳。可见，通过测试供油系统的压力可以诊断供油系统的故障。

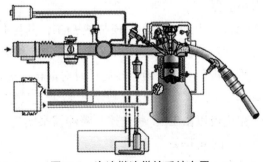

图 5-1 汽油燃油供给系统布置

结构及工作原理

1. 燃油供给系统的结构与工作原理

燃油箱中的燃油经电动燃油泵加压后被泵出，经燃油滤清器过滤后再提供给各缸的喷油器，如图 5-2 所示。

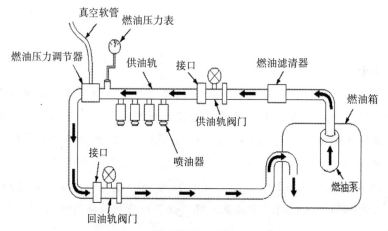

图 5-2 燃油供给系统的工作原理

为了消除管路中燃油压力的波动，有些系统中装有压力缓冲器（单独安装在管路上或与电动燃油泵一体设置于燃油出口处）；为了确保喷油器喷嘴内外的压力差维持恒定，从而确保喷油器的喷油量不受燃油压力的影响，即确保喷油量仅受喷油时间的控制，系统中都装有燃油压力调节器。一般情况下，经燃油压力调节器调节后，喷油器喷嘴内外的压力差维持在 0.3 兆帕左右不变（也有个别车型为 0.45 兆帕左右，例如奥迪汽车）。

喷油器装于各缸进气道上，对着各缸的进气门附近喷油，喷油量取决于喷油持续时间，而喷油持续时间则受 ECU 的控制。

某些较为先进的现代汽车发动机采用了缸内喷射技术，即将燃油直接喷入燃烧室的内部，此时，系统中往往还需要二次加压泵，将电动燃油泵提供的低压燃油变为高压燃油后再提供给缸内喷射器。

对于部分老款汽车而言，由于采用的是模拟式 ECU，其控制功能有限，所以在发动机进气总管上装有冷启动喷油器，在发动机水套上还装有"温度—时间开关"，冷启动喷油器与温度—时间开关联合工作，确保冷启动时对混合气进行适当的加浓。

但对于现代汽车而言，已经广泛使用了数字式 ECU，其控制功能已经大为完善，冷启动加浓等功能已经完全可以由 ECU 通过控制喷油器来实现，所以现代汽车已不再使用冷启动喷油器与温度—时间开关。

关于电动燃油泵的控制电路和喷油器的结构与控制电路等问题，将在本书其他课题中介绍。

2. 燃油供给系统中各零部件的结构及工作原理

（1）电动燃油泵。电动燃油泵通常装于燃油箱内部，主要由油泵、电动机、安全阀、止回阀和外壳等组成，如图5-3所示。其中，油泵是电动燃油泵的主体，根据其结构的不同，又可分为滚柱泵、齿轮泵、涡轮泵、侧槽泵等形式。

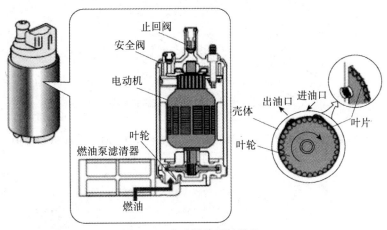

图5-3 电动燃油泵的结构

所有形式的电动燃油泵出油口都设有止回阀，进油腔和出油腔之间都设有限压阀。止回阀用于防止燃油倒流，可使发动机熄火时油路保持一定的残余压力，以减少气阻，并确保下次发动机能够顺利启动；限压阀则用于限制系统的最高油压，当油压达到一定值（一般为0.4~0.5兆帕）时，打开限压阀进行泄压，以防止油路发生阻塞等意外情况时管路压力过高、油泵负荷过大而烧坏油泵。另外，泵出的燃油流经电动机的内部，对电动机起润滑和冷却作用。

燃油泵入口处一般都装有燃油泵滤清器，用于对燃油进行初步过滤，避免一些大的杂质进入燃油系统。

（2）燃油压力调节器及系统油压变化规律。燃油压力调节器在汽车上的安装位置见图5-4。

在燃油系统中的位置如图5-5所示，其结构如图5-6所示。

发动机工作时，由于进气歧管绝对压力（或真空度）随发动机转速和节气门开度的变化而变化，所以，经燃油压力调节器调节后，供油系统的油压也随之发生变化，使燃油压力与进气歧管绝对压力之间的压力差维持在0.3兆帕左右不变（也有个别车型为0.45兆帕左右，例如奥迪汽车），如图5-7所示。该数据就是测量供油系统油压的依据。

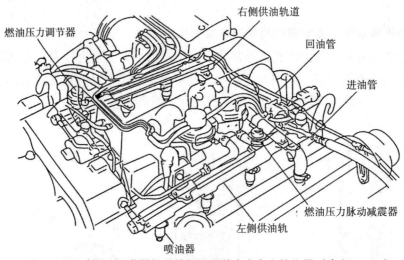

图 5-4　燃油压力调节器及其他相关元件在汽车上的位置（凌志 LS400）

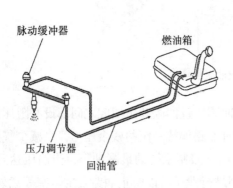

图 5-5　燃油系统各有关元件在系统中的位置

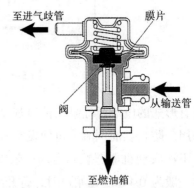

图 5-6　燃油压力调节器的结构

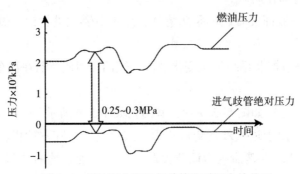

图 5-7　燃油压力与进气歧管绝对压力的关系

　　当发动机熄火时，回油阀关闭，燃油泵出口处的止回阀也关闭，供油系统能够维持 0.28 兆帕左右的残余油压，该残余油压可以确保发动机下次能够快速、顺利启动。

　　另外，近年来又出现一种油压不受进气歧管真空度影响的燃油供给系统，其燃油压力调节器与燃油泵组合安装在燃油箱的内部，其结构原理如图 5-8 所示，当油压达到规定值时，阀门打开，泄出的燃油直接流回燃油箱。采用这种燃油供给系统时，发动机 ECU 需要根据进气歧管压力传感器的信号对喷油持续时间进行修正，以补偿进气歧管真空度变化对喷油量的影响。

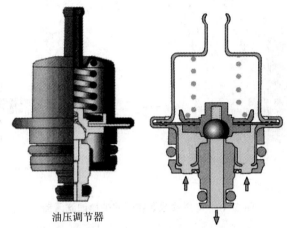

油压调节器

图 5-8　安装在燃油箱内部的燃油压力调节器

（3）燃油压力缓冲器。当喷油器喷射燃油时，输油管内会出现燃油压力脉动现象。另外，电动燃油泵所提供的燃油也存在一定的压力脉动，该压力脉动对 ECU 精确控制燃油喷射量有一定的影响。为了消除该影响，部分汽车上采用了燃油压力缓冲器（或称燃油压力脉动减震器），其位置一般在供油轨上，少数汽车设置在燃油泵的出油口处。

燃油压力缓冲器的结构如图 5-9 所示，它主要由壳体、膜片、阀片、弹簧等组成。当输油管内的燃油压力出现压力脉动时，膜片可以推动弹簧上下移动，从而通过调节管路的容积来吸收管路中的压力脉动。

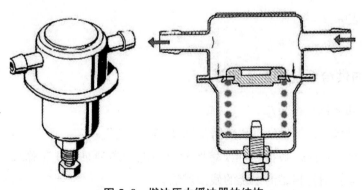

图 5-9　燃油压力缓冲器的结构

（4）燃油滤清器。燃油滤清器一般设置在燃油供给管路中，也可以设置在燃油泵出口处并与燃油泵装在一起，由壳体和滤芯组成，其作用是过滤燃油中杂质，确保喷油器等部件工作正常。图 5-10 为与燃油泵装在一起的燃油滤清器。

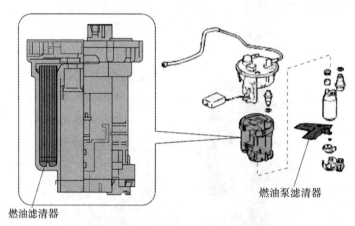

燃油滤清器

燃油泵滤清器

图 5-10　与燃油泵装在一起的燃油滤清器

随着使用时间的延长，燃油滤清器会逐渐阻塞，造成供油不畅，从而影响发动机的动力性。在供油不畅的情况下，测试系统油压时会显示油压过低，这时，一般需要更换燃油滤清器。

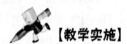

【教学实施】

实施准备

（1）了解实训室相关规章制度；

（2）穿戴规定的工作服，保障自身人身安全；

（3）丰田卡罗拉车型（或其他车型）一辆或其他电控发动机台架一部；

（4）通用工具一套；

（5）油压表一只。

实施过程

一、燃油供给系统的油压测试

1. 泄掉燃油系统残余油压

打开发动机舱盖，铺设发动机舱防护罩及"三件套"。

（1）发动机运转法。拔掉燃油泵熔断丝（使电动燃油泵停止工作），启动发动机，利用发动机的运转消耗掉燃油系统的残余燃油。

对于有些汽车而言，电动燃油泵与喷油器、点火模块等共用一个熔断丝，用该方法无法泄压，此时可以先拔下燃油泵电插头，再启动发动机的方法来泄压。

（2）直接释放法（注意防火）。用棉纱包住燃油滤清器的油管接头，用工具慢慢松开油管接头，利用棉纱吸收从油管接头渗出的燃油，直至燃油系统的残余油压被完全释放，然后再拧紧油管接头。

2. 接入燃油压力表导线连接器

拆卸供油管与供油轨的连接螺柱（注意妥善处理燃油管内剩余的燃油），采用专用燃油检测软管和接头（最好采用带开关的三通接头，以便进行如后所述的内漏诊断，有开关的一端接供油轨，没有开关的一端接供油管）接入燃油压力表，如图5-11所示。

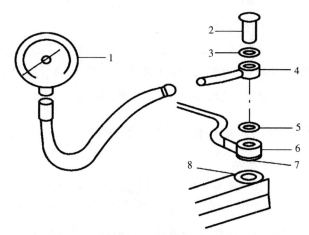

1—压力表；2—接头螺栓；3、5、7—垫片；4—油压表接头；6—油管；8—燃油分配管

图5-11　连接燃油压力表

3. 检测静态油压

插回燃油泵熔断丝（使油泵可以工作），接通点火开关，但不启动发动机。

此时，油泵会工作2~3秒，建立静态油压，燃油压力表读数应为0.3兆帕左右（具体数据查所用车型的维修手册）。

4. 检测怠速工况油压

启动发动机，燃油压力表读数应下降（因进气歧管真空度增大，即绝对压力下降，经燃油压力调节器调节后的油压也随之下降）。正常怠速工况时，燃油压力表读数应为0.196~0.235兆帕左右。

5. 检测正常运行时的油压

慢慢踩下加速踏板（俗称油门），发动机随之逐渐升速，燃油压力表读数应在0.196~0.235兆帕基础上逐渐升高到0.265~0.304兆帕。

6. 检测系统最高油压（大约0.392兆帕）

夹住回油管，燃油压力表读数应达到0.392兆帕左右。

7. 残余油压检测

断开点火开关，燃油压力表读数应为0.28兆帕左右，且30秒内不下降。

8. 喷油器及其控制电路的检修

喷油器是燃油供给系统中的重要组成部件。

喷油器及其控制电路性能的优劣对发动机工作性能优劣甚至能否工作都有很大影响。

（1）喷油器的就车检查。喷油器工作情况的检查。喷油器电磁线圈电阻的检查。

（2）喷油器的检验。

（3）喷油器控制电路的检查。

测量喷油器控制线连接器插头上的电源线电压，应为 12 伏，若无电压，应检查点火开关及熔断器或主继电器及线路。

使用专用检测试灯串接到喷油器连接器两插头上，启动发动机，试灯应闪烁，不亮或不闪烁则表明控制回路有故障，可检查喷油器至 ECU 的线路和 ECU 是否有故障。也可用示波器检测喷油器脉冲波形，对控制电路进行检查。

二、通过燃油压力测试进行故障诊断与排除

1. 静态油压（0.3 兆帕左右）

如果读数过大，则说明燃油压力调节器存在故障，应更换。

如果读数为 0，则说明电动燃油泵没有运转，应检查电动燃油泵及其控制电路。

如果读数过小，则说明电动燃油泵供油压力不足或燃油压力调节器回油过量，此时，可以夹住回油管，再接通一次点火开关，如果读数仍然过小，则查电源电压；电压正常时，查油路阻塞情况（特别是燃油滤清器和燃油泵入口处的滤网）；没有阻塞，则换电动燃油泵。

如果夹住回油管时读数上升，则说明燃油压力调节器回油过量，应更换燃油压力调节器。

电动燃油泵检查方法：在电动燃油泵两接线端子之间直接接 12 伏电源（注意正负极），应能听到燃油泵的运转声，否则更换电动燃油泵。

注意：为避免烧坏电动燃油泵，禁止对拆下的电动燃油泵进行通电试验。

2. 怠速工况油压（0.196~0.235 兆帕）

读数过大时，检查燃油压力调节器的真空管有无破裂、漏气点或阻塞，真空管正常则换燃油压力调节器。读数过小时，检查发动机的空气滤清器是否严重阻塞。

3. 正常运行油压（0.265~0.304 兆帕）

迅速踩下加速踏板，燃油压力表读数应先下降，再上升。

读数先下降的原因是 ECU 的加速加浓功能使燃油喷射量突然增大，喷油量变化速度高于燃油压力调节速度；读数上升的原因是相对怠速工况而言，进气歧管真空度下降，绝对压力增大，经燃油压力调节器调节后的油压也随之增大。

情况不符时，应检查燃油压力调节器真空管及发动机空气滤清器的情况，情况正

常，则换燃油压力调节器。

4. 最高油压（大约 0.392 兆帕）

如达不到该油压，则说明电动燃油泵的性能已经下降，可能是由于磨损等原因造成的，应更换电动燃油泵。

5. 残余油压

如果读数持续下降，则说明油路中有泄漏点。应先查外漏，再查内漏（例如，燃油泵止回阀泄漏、喷油器喷嘴滴漏、压力调节器回油阀泄漏等）。外漏一般可以通过眼观、手摸来检查，内漏则需要启用专门的检测程序来检查，其步骤如下：

（1）拔下燃油压力调节器真空管，看有无燃油渗出：有，则换燃油压力调节器；无，则进行下一步。

（2）夹住回油管，看油压表读数是否仍然下降：如不再下降，则说明燃油压力调节器回油阀关闭不严，应更换燃油压力调节器；如仍然下降，则进行下一步。

（3）关闭压力表三通接头上的开关，看油压表读数是否仍然下降：如仍然下降，则说明油泵止回阀关闭不严，应更换油泵；如不再下降，则说明喷油器有滴漏现象，应清洗或更换喷油器。

【教学检查】

表 5-1　电控发动机油压检修工单

车型		组别	
一、准备工作			
①工量具及仪器的准备			
②被测车辆准备			
二、操作过程			
电控燃油喷射系统的基本组成			
油压表的认识			

续表

检测燃油系统压力	检测结果:

怠速工况时	急加速工况时	拔下真空管时	堵住真空管时

系统油压:	
保持油压:	
最大油压:	

检测怠速工况油压	检查结果:（正常怠速工况时，燃油压力表读数应为 0.196~0.235 兆帕左右）

残余油压的检测	检测结果:

第一步	
第二步	
第三步	

三、实训结论

【教学评估】

表 5-2　评估

序号	学习内容	自我评价			
		了解	掌握	在指导下操作	可独立操作
1	燃油系统的结构认识				
2	燃油系统的工作原理				
3	燃油压力表导线连接器的接入				
4	静态油压的检测				
5	怠速工况油压的检测				
6	正常运作时油压的检测				

课后小结

根据前面的学习，我们学习到对静态油压进行检测，如果读数过大，则说明燃油压力调节器存在故障，应更换。如果读数为 0，则说明电动燃油泵没有运转，应检查电动燃油泵及其控制电路。如果读数过小，则说明电动燃油泵供油压力不足或燃油压力调节器回油过量。

情境六 电控发动机燃油泵控制电路的检测

 情境引入

　　一辆卡罗拉轿车，行驶里程 80763 千米，用户反映该车突然在行驶中熄火，再次启动时无法启动。接车后，经检查，发现该车启动机能正常运转，但发动机不能启动，说明蓄电池、发电机及启动机是没有问题的，发动机无法启动不是因为电量不足引起的。连接故障诊断仪对车辆进行检测，设备提示系统内无故障码。对于发动机无法启动的故障，常见的故障原因包括：点火系统故障、燃油系统故障、控制系统故障及线路故障。经过排查，发现故障点在于燃油泵搭铁线虚接。那么你知道如何检查燃油泵电路吗？

 【教学计划】

　　（1）了解燃油泵控制电路的类型，掌握常见燃油泵控制电路的工作原理；

　　（2）能够对燃油泵控制电路进行基本测试；

　　（3）能够对燃油泵控制电路各个部分进行检测，并根据检测结果进行故障诊断与排除。

 【教学信息】

一、丰田车系油泵控制电路工作原理

　　根据对发动机运转状态的感知方法不同以及控制功能的差异，丰田车系有多种形式的燃油泵控制电路，以下仅介绍两种具有代表性的典型电路。

　　1. 转速信号控制型油泵控制电路

　　这种电路的特点是利用发动机的转速信号来判断发动机的运转状态：有转速信号，表明发动机运转，油泵电路可以接通；没有转速信号，表明发动机不运转，油泵电路自动切断。

　　电路原理如图 6-1 所示，适用于凯美瑞，花冠的 3S-FE、4S-GE、5S-FE、JZ 系列发动机，皇冠 3.0 的 1JZ-FE 发动机等，其断路继电器中有两组线圈：一组线圈（L2）

直接由点火开关启动挡控制，另一组线圈（L1）由 ECU 控制。

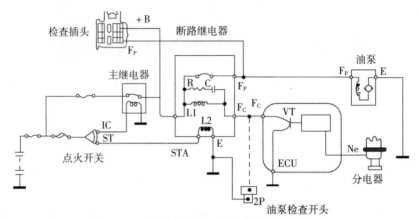

图 6-1 转速信号控制型燃油泵控制电路原理

如果将点火开关转至"ON"位置但不启动发动机，主继电器被激励，与此同时，ECU 内的三极管 VT 会导通 3~5 秒，使断路继电器通过线圈 L1 被激励 3~5 秒，从而使电动燃油泵运转 3~5 秒，以便建立初始油压，为发动机启动做准备。

如果将点火开关转至"ST"位置，断路继电器通过线圈 L2 被激励，电动燃油泵运转，此时，启动机电路也被接通，发动机开始运转，ECU 收到来自曲轴位置与转速传感器的转速信号 Ne，其内部的三极管 VT 导通，使断路继电器又通过线圈 L1 被激励。启动成功后，点火开关回"ON"位，线圈 L2 断电，但线圈 L1 电路仍然被 ECU 接通，断路继电器维持激励状态，电动燃油泵继续运转。

有些车型的驾驶室内还设有专用的油泵检查开关（图 6-1 中的 2P 即为油泵检查开关），接通该开关，也可以使电动燃油泵单独运转。

丰田卡罗拉 1ZR-FE 发动机燃油泵控制电路如图 6-2 所示，点火开关接通且 ECU 接收到转速信号 NE 时，主继电器（EFI MAIN）和燃油泵继电器（C/OPN）被持续激励，燃油泵电路持续接通；如果转速信号 NE 中断，则三极管 Tr 截止，燃油泵继电器（C/OPN）被停止激励，电动燃油泵因电路被切断而停止运转。另外，长时间没有 NE 信号，主继电器（EFI MAIN）也会被停止激励而切断主电源。

2. 可调转速的燃油泵控制电路

由于发动机负荷不同，所需的供油量也有所不同，因此，有些车型的燃油泵控制电路具有转速调节功能，转速的调节方法也存在一定差异。

（1）利用电阻调节转速的燃油泵控制电路。这种燃油泵控制电路如图 6-3 所示，适用于雷克萨斯 ES300、LS300 的 3VZ-FE、4VZ-GE 发动机，皇冠 3.0 的 2JZ-GE 发动机等。该控制电路中，设一个电阻器（降压电阻）和油泵控制继电器，由 ECU 根据发动机的转速和负荷，对油泵控制继电器进行控制。

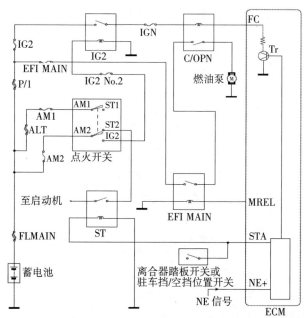

图6-2 丰田卡罗拉 1ZR-FE 发动机燃油泵控制电路

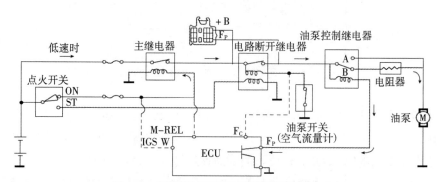

图6-3 使用燃油泵电阻的燃油泵控制电路

当发动机处于低速或中小负荷工作状态时,ECU 接通油泵控制继电器线圈电路,该继电器触点 B 闭合,电阻器串入燃油泵电路中,燃油泵低速运转;当发动机处于高速或大负荷工作状态时,ECU 切断油泵控制继电器线圈的电路,使继电器触点 A 闭合,燃油泵电路没有接入电阻器而直接与电源相通,使燃油泵处于高速运转状态。

早期的丰田汽车采用了翼板式空气流量计,流量计内部设有油泵开关(用于感知发动机是否处于运转状态),其油泵控制电路为图6-3 中的实线部分。由于翼板式空气流量计已经被淘汰,油泵开关也就不复存在了,因此油泵控制电路改为图中的虚线部分,工作原理如下:

ECU 的 IGS W 脚接收点火开关电源,M-REL 脚输出 12 伏电压,控制主继电器工作;点火开关转至"ST"位置时,断路继电器被下方线圈激励而接通油泵电路。

动机转速信号后，将 Fc 脚搭铁，断路继电器被上方线圈激励而维持油泵电路导通，此时点火开关回 "ON" 位仍然可以维持油泵运转；发动机意外熄火时，发动机转速信号终止，ECU 的 FC 脚切断断路继电器上方线圈电路，断路继电器触点断开而切断油泵电路。

同样，用短接线将诊断座中的 "+B" 脚和 "FP" 脚短接，也可以使电动燃油泵单独运转，从而便于进行故障诊断和其他维修操作。

（2）使用燃油泵 ECU 的燃油泵控制电路。这种燃油泵控制电路如图 6-4 所示，适用于雷克萨斯 LS400 的 1UZ-FE、V 型 8 缸发动机，皇冠 3.0 发动机等。该控制电路中，专设了一个燃油泵 ECU，用于对燃油泵转速（泵油量）进行控制。

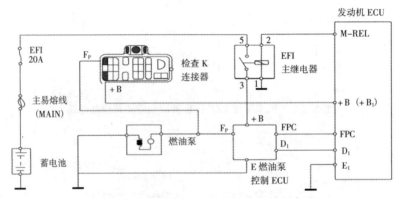

图 6-4　使用燃油泵 ECU 的燃油泵控制电路

当发动机在启动阶段或高速、大负荷工况下工作时，发动机 ECU 向燃油泵 ECU 的 FPC 脚输入一个高电位信号（5 伏），燃油泵 ECU 的 FP 脚则向燃油泵提供较高的工作电压（相当于蓄电池电源电压），使燃油泵高速运转。

当发动机在怠速或小负荷工况下工作时，发动机 ECU 向燃油泵 ECU 的 FPC 脚输入一个中电位信号（2.5 伏），燃油泵 ECU 的 FP 脚则向燃油泵提供较低的工作电压（约 9 伏），使燃油泵低速运转。

当发动机的转速低于最低转速（如 120 转/分）时，发动机 ECU 向燃油泵 ECU 的 FPC 脚输入一个低电位信号（0 伏），燃油泵 ECU 停止向燃油泵提供工作电压，使燃油泵停止工作。

图中发动机 ECU 与燃油泵 ECU 之间的 DI 电路为燃油泵 ECU 的故障诊断信号线路。

二、事故中燃油安全控制 EFI 继电器开路继电器

发生交通事故时，燃油如果发生泄漏将会产生很大的安全隐患，此时要求燃油泵能够自动停止运转。为此，许多车型上设计有燃油泵安全控制电路。

1. 安全气囊充气胀开时燃油泵停止运转

当驾驶人安全气囊、前排乘客安全气囊或座椅侧安全气囊充气胀开时，发动机 ECU 会自动切断燃油泵电路。

安全气囊中央传感器总成有一根信号线与发动机 ECU 相连，如图 6-5 所示。当发动机 ECU 从该信号线探测到气囊充气信号时，发动机 ECU 便会断开断路继电器，从而使燃油泵停空气囊中央传感器总成停止工作。

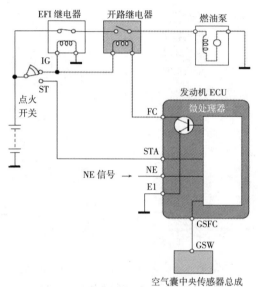

图 6-5　安全气囊充气胀开时燃油泵的控制

气囊充气信号消除后，重新接通点火开关可使燃油泵重新开始运转。

2. 当车辆发生碰撞或翻车时燃油泵停止运转

某些车型上，燃油泵 ECU 和发动机 ECU 之间装有一个惯性开关，如图 6-6 所示。

当车辆发生碰撞时，惯性作动开关内的钢球移动，使开关触点断开，发动机 ECU 会立即停止燃油泵的运转，从而防止燃油的泄漏。

当该功能起作用后，如需燃油泵重新工作，只要把复位开关按起来即可。

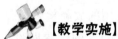【教学实施】

实施准备

（1）了解实训室相关规章制度；

（2）穿戴规定的工作服，保障自身人身安全；

（3）丰田卡罗拉车型（或其他车型）一辆或其他电控发动机台架一部；

（4）通用工具一套；

（5）发动机舱防护罩一套；

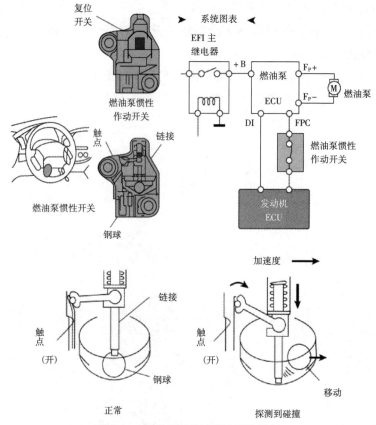

图 6-6 碰撞或翻车时燃油泵的控制

（6）"三件套"（座椅套、转向盘套、脚垫）一套；

（7）万用表一只、短接线一条。

实施过程

燃油供给系统的油压测试

1. 基本检查——燃油泵运转测试

测试方法有两种：专用故障检测仪测试法和燃油泵电路短接法。

（1）专用故障检测仪测试法（主动测试法）。将丰田公司专用的故障检测仪（丰田公司称为"智能检测仪"）与诊断接口 DLC3 相接（诊断接口 DLC3 的位置见图 6-7）；接通点火开关，打开故障检测仪，进入菜单 Powertrain/Engine and ECT/Active Test / Control the Fuel Pump/Speed（动力传输/发动机与变速器/主动测试/控制燃油泵/速度），即可执行主动测试—电动燃油泵开始运转，应该可以听到燃油泵运转声。

测试结束后，应退出上述菜单、关闭故障检测仪、断开点火开关后，再断开与诊断接口 DLC3 的连接。

（2）燃油泵电路短接法（此方法不适合于丰田卡罗拉 1ZR-FE 发动机）。用短接线短

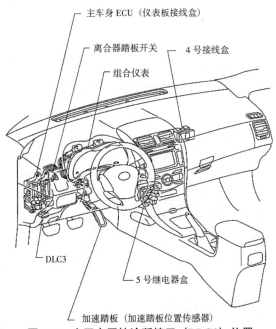

图6-7　丰田卡罗拉诊断接口（DLC3）位置

接发动机舱内诊断座（检查连接器）的"+B"脚和"FP"脚，如图6-8所示；将点火开关置"ON"位但不启动发动机——电动燃油泵开始运转，应该可以听到燃油泵运转声。

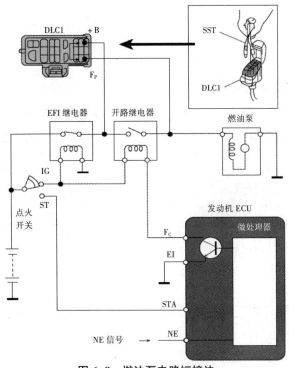

图6-8　燃油泵电路短接法

测试结束后，应断开点火开关，拆下诊断座（检查连接器）上的短接线。

在基本检查中，如果听不到燃油泵运转声，则需要转入燃油泵控制电路的故障诊断程序。

2. 燃油泵控制电路的故障诊断

（1）电动燃油泵不能运转时，故障诊断基本流程见图 6-9。

电动燃油泵不能运转
熔断丝 IGN 是否正常
燃油泵继电器（C/OPN）是否正常
燃油泵继电器（C/OPN）与 ECU（丰田公司称为 ECM）之间的线路是否正常
燃油泵继电器（C/OPN）与主继电器（EFI MAIN）之间的线路是否正常
燃油泵继电器（C/OPN）与电动燃油泵之间的线路是否正常
电动燃油泵的搭铁线路是否正常
燃油泵总成是否正常
ECU 的电源电路是否正常
以上检查结果全部正常，则更换 ECU

图 6-9　故障诊断基本流程

（2）故障诊断分步检查方法。

1）检查熔断丝 IGN。从仪表板接线盒上拆下 IGN 熔断丝（IGN 熔断丝位置如图 6-10 所示），用万用表测量其电阻值，应小于 1 欧姆，正常则装回熔断丝，不正常则更换。

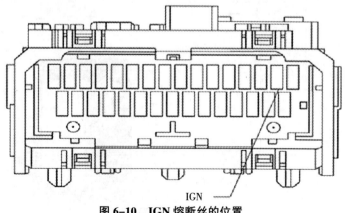

IGN

图 6-10　IGN 熔断丝的位置

2) 检查燃油泵继电器（C/OPN）。注意由于该继电器没有单独的线束连接器，只能通过仪表板接线盒进行检查。

断开仪表板接线盒连接器（连接器形状如图 6-11 所示），用万用表测量 2A-8-2B-11 之间的电阻（相当于燃油泵继电器两个触点之间的电阻）：通常情况下应在 10 千欧姆以上；在 2B-10-2F-4 之间加 12 伏电压（相当于给燃油泵继电器线圈通电）的情况下则应小于 1 欧姆。

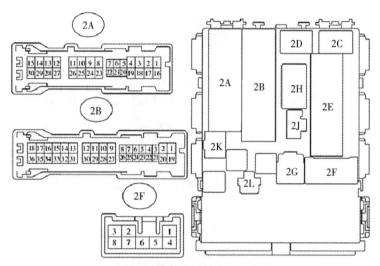

图 6-11　仪表板接线盒连接器形状

正常则重新接好仪表板接线盒连接器，不正常则更换仪表板接线盒（带燃油泵继电器 C/OPN）。

3) 检查燃油泵继电器（C/OPN）与 ECU（丰田公司称为 ECM）之间的线路。断开仪表板接线盒连接器，断开 ECU 连接器（ECU 连接器形状如图 6-12 所示），用万用表测量 2B-10-A50-7（FC）之间的电阻，应小于 1 欧姆；测量 2B-10 或 A50-7（FC）—车身搭铁之间的电阻，应大于 10 千欧姆。

线束连接器前视图：（至 ECM）

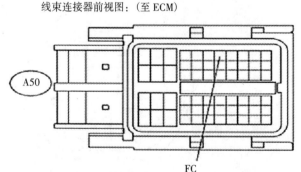

图 6-12　ECU（丰田公司称为 ECM）连接器形状

正常则重新接好仪表板接线盒连接器及 ECU 连接器，不正常则维修或更换线束或连接器。

4）检查燃油泵继电器（C/OPN）与主继电器（EFI MAIN）之间的线路。从发动机舱接线盒上拆下主继电器，断开主继电器连接器（主继电器连接器形状如图 6-13 所示），断开仪表板接线盒连接器，用万用表测量 2B-11—1B-4 之间的电阻，应小于 1 欧姆；测量 2B-11 或 1B-4—车身搭铁之间的电阻，应大于 10 千欧姆。

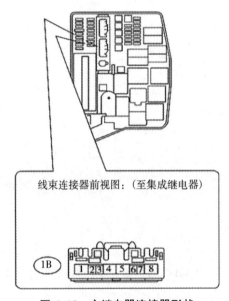

线束连接器前视图：（至集成继电器）

图 6-13　主继电器连接器形状

正常则重新接好仪表板接线盒连接器、主继电器连接器，装回主继电器；不正常则维修或更换线束或连接器。

5）检查燃油泵继电器（C/OPN）与电动燃油泵之间的线路。断开仪表板接线盒连接器，断开燃油泵连接器（燃油泵连接器形状如图 6-14 所示），用万用表测量 2A-8 与 L17-4 之间的电阻，应小于 1 欧姆；测量 2A-8 或 L17-4 与车身搭铁之间的电阻，应大于 10 千欧姆。正常则重新接好所有连接器；不正常则维修或更换线束或连接器。

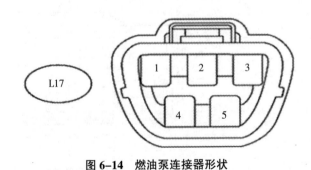

图 6-14　燃油泵连接器形状

6）检查电动燃油泵的搭铁线路。断开燃油泵连接器，用万用表测量 L17-5 与车身搭铁之间的电阻，应小于 1 欧姆。

正常则重新接好连接器；不正常则维修或更换线束或连接器。

7）检查燃油泵总成。断开燃油泵连接器，在电动燃油泵一侧的 L17-4 与 L17-5 之间施加 12 伏电压，燃油泵应运转。正常则重新连接燃油泵连接器；不正常则更换燃油泵总成。

8）检查 ECU 的电源电路。

【教学检查】

表 6-1　电控发动机燃油泵控制电路检修工单

车型		组别	
一、准备工作			
①工量具及仪器的准备			
②被测车辆准备			
二、操作过程			
转速信号控制型油泵控制电路	检查插头 +B 断路继电器 FP 主继电器 R C FP 油泵 FP E L1 FC FC VT IC L2 E Ne ST STA ECU 分电器 点火开关 2P 油泵检查开关		
	以凯美瑞、花冠用 3S-FE、4S-GE、5S-FE、JZ 系列发动机为例，分析其断路继电器中有两组线圈： 凯美瑞： 花冠：		
燃油泵运转测试	测试结果：		

续表

燃油泵控制电路的故障诊断	基本流程：	
	1	
	2	
	3	
	4	
	5	
	6	
	7	
	8	
	9	
	10	

检查方法：

三、实训结论

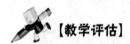

【教学评估】

表6-2　评估

序号	学习内容	自我评价			
		了解	掌握	在指导下操作	可独立操作
1	燃油系统的结构认识				
2	燃油系统的工作原理				
3	燃油泵运转测试				
4	燃油泵控制电路的故障诊断				
5	燃油泵控制电路的故障排除				

 课后小结

　　根据前面的学习，我们学习到燃油泵控制电路的故障诊断的基本流程是：检测熔断丝的情况；燃油泵继电器的情况；继电器与 ECU 之间的情况；电动燃油泵的搭铁线路的情况；燃油泵总成的情况；ECU 电源电路情况；最后决定是否更换ECU。

情境七 电控发动机传感器的检测

 情境引入

一辆卡罗拉轿车，用户反映该车启动困难，每次要启动三四次发动机才能着车，而且车辆启动后还会出现怠速不稳、热车后水温易高、排气管冒黑烟和收油门容易熄火的现象，同时发动机故障指示灯有时还常亮不熄。维修人员最后把问题聚焦在水温传感器的线路检查上。那么如何检查水温传感器的线路呢？

 【教学计划】

（1）认识电控发动机传感器的构造与工作原理；
（2）了解电控发动机传感器的常见故障；
（3）掌握电控发动机传感器的检测方法。

【教学信息】

点火正时和曲轴位置传感器 IGT/NE：检测活塞上止点 TDC 的信号，以便点火和喷油。它多装在曲轴的前端或后端，或在分电机中。

转速传感器 SP：产生曲轴转速和转角信号，它多和 IGT/NE 信号发生器成为一体。

节气门位置传感器 TPS：产生节气门开度大小和快慢的信号，它在节气门轴的一端，与轴同步动作。

压力传感器 MAP：测出进气管中的负压值，度量喷油的多少。它可直接固定在进气管上，或在其他位置用软管与进气管连接。

氧传感器 OX：安装在排气管上，监控废气中氧的含量，以便调节空燃比的大小。

水温传感器 CTS：监测发动机水温的高低，多装在水温较高的汽缸盖上。

气温传感器 ATS：监测进气温度的高低，多安装在进气主管上。

车速传感器 VSS：提供车速信号，多安装在变速器输出轴后端。

爆震传感器 KNK：监测爆震信号，调节点火时间，多安装在燃烧室附近的汽缸盖上。

【教学实施】

实施准备

（1）了解实训室相关规章制度；

（2）穿戴规定的工作服，保障自身人身安全；

（3）丰田卡罗拉汽车发动机台架，各类传感器。

实施过程

一、热线式空气流量计的检测

空气流量计的功用是检测发动机进气量大小，并将进气量信息转换成电信号输入电控单元（ECU）以供计算确定喷油量。

本次实训选用的是桑塔纳 3000 轿车使用的空气流量计，属"L"型热膜式空气流量计，安装在空气滤清器壳体与进气软管之间。其核心部件是流量传感元件和热电阻（均为铂膜式电阻）组合在一起构成热膜电阻。在传感器内部的进气通道上设有一个矩形护套，相当于取样管，热膜电阻设在护套中。

1. 电阻测试

本项目电阻测试为辅助性测试，主要是检测线束的导通性，以确认线束通畅，无断路短路，插接器牢靠，各信号传递无干扰。

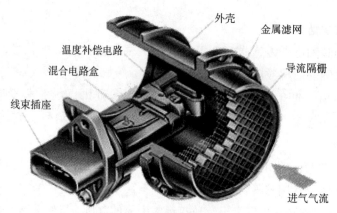

温度补偿电路 外壳 金属滤网

混合电路盒 导流隔栅

线束插座 进气气流

图 7-1 热膜式空气流量计

（1）线束导通性测试：将数字万用表设置在电阻 200 欧姆挡，按电路图找到空气流量计图形下面的针脚号与 ECU 信号测试端口图相应的针脚号，分别测试空气流量计 3 号、4 号、5 号针脚对应至电控单元 12 号、11 号、13 号针脚的电阻，所有电阻都应低于 1 欧姆。

（2）线束短路性测试：将数字万用表设置在电阻 200 千欧姆挡，测量空气流量计针脚 2 与电控单元针脚 11、12、13 之间电阻应为 ∞。测量空气流量计针脚与电控单元

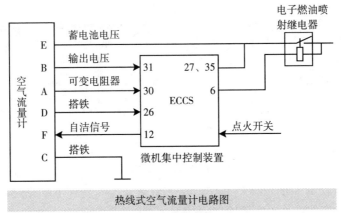

热线式空气流量计电路图

图 7-2 热膜式空气流量计电路图

针脚：3-11、13；4-12、13；5-11、12 之间电阻均应为 ∞。

注意：在实际维修中，欲测试各条线束的导通性，应关闭点火开关，拔下传感器插头与电控单元插接器，使用数字万用表分别测量各线束间的电阻，相连导线电阻应当小于 1 欧姆，不相连导线电阻应是 ∞ 为正常。在实际测量中，由于测量手法、万用表本身的误差以及被测物体表面的氧化与灰尘等因素，发生几个欧姆的误差属正常现象，不必拘泥于具体数字。

2. 电压测试

本项目电压测试有电源电压测试和信号电压测试两部分，其中信号电压测试是确定空气流量计是否失效的主要依据。

（1）电源电压测试：打开点火开关，将数字万用表设置在直流电压 20 伏挡，红色表针置于空气流量计针脚 2，黑色表针置于电瓶负极或发动机进气歧管壳体，打启动机时应显示 12 伏；红色表针置于空气流量计针脚 4，黑色表针置于电瓶负极或发动机进气歧管壳体，应显示 5 伏。

注意：在实际维修中，应拔下传感器插头，打开点火开关，测量 2 号端子与接地间电压，打启动机时应显示 12 伏。此时电控单元会记录空气流量计的故障码，测试完毕后要使用诊断仪清除故障码。

（2）信号电压测试：分单件测试和就车测试两部分。

1）单件测试：取一空气流量计总成部件，将 12 伏/5 伏变压器 12 伏电压或电瓶电压施加在空气流量计电器插座针脚 2 上，将 5 伏电压施加在空气流量计电器插座针脚 4 上，将数字万用表设置在直流电压 20 伏挡，测量空气流量计电器插座针脚 3 和针脚 5，应有 1.5 伏左右［图 7-3（a）］；使用吹风机从空气流量计隔栅一端向空气流量计吹入冷空气或加热的空气，测量空气流量计电器插座针脚 3 和针脚 5，电压应瞬时上升至 2.8 伏回落［图 7-3（b）］。不能满足上述条件，可以判定空气流量计有故障。

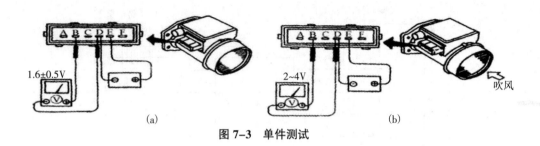

(a)　　　　　　　　　　　　　　　　(b)

图 7-3　单件测试

2）就车测试：启动发动机至工作温度，将数字万用表设置在直流电压 20 伏挡，测量空气流量计针脚 5 的反馈信号，红色表针置于空气流量计针脚 5，黑色表针置于空气流量计针脚 3、电瓶负极或进气歧管壳体，怠速时应显示电压 1.5 伏左右；急踩加速踏板应显示 2.8 伏变化。若不符合上述变化，或电压反而下降，在电源电压与参考电压完好的前提下，可以断定空气流量计损坏，必须更换。

注意：在实际维修中，反馈信号电压的就车测试应在传感器插头尾部，挑开防水胶堵或刺破导线外皮，接万用表后踩动油门踏板，观察电压变化。而在发动机实验台上，进行本项测试不用挑开防水胶堵或刺破导线外皮。

二、节气门位置传感器的检测

本次实训采用的是皇冠 3.0 轿车 2JZ-GE 型发动机用综合式节气门位置传感器。如图 7-5 所示。它由一个电位计和一个怠速触点组成。综合型节气门位置传感器与电控单元 ECU 的连接方法如图 7-5 所示，传感器内电阻 r 的两端一直加有 ECU 输送来的 5 伏电压，动触点 a 根据节气门开度的状况在电阻 r 上滑移，由此改变 ECU 的 VTA 端子的电压。这一电压信号经 A/D 转换器变成数字信号，再输入到计算机中去。从图中可以看出，传感器通过 VTA 电阻 R2 端子与 E2 端子相连，但是因为 R1、R2 都大于 r，所以电流的流经途径是 VC 端子→电阻 r → E2 端子，VTA 端的电位并不受电阻 R1、R2 的影响。

图 7-4　综合式节气门位置传感器构造

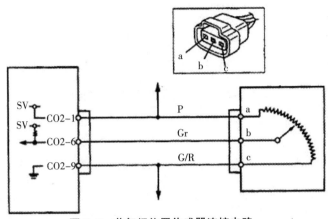

图 7-5 节气门位置传感器连接电路

当节气门全闭时，触点闭合，IDL 端的电位为 0，这样就把节气门全闭的这一情况通知了计算机。收到 VTA 端子、IDL 端子传来的信号之后，计算机根据这些信号判断出车辆的行驶状态，再决定进行过渡时期空燃比修正，或是输出增量修正，或是切断油路，或是进行怠速稳定修正。

1. 传感器的电阻检测

拔下此传感器的导线插头（用塞尺测量节气门限位螺钉与止动杆间的间隙），用手拨动节气门，用欧姆表测量此传感器导线插孔上端子间的电阻，其电阻值应符合表 7-1 所示的规定。

VTA-E2 端子间电压值随节气门开度的增大，电阻值成正比增加，而且不应出现中断现象。

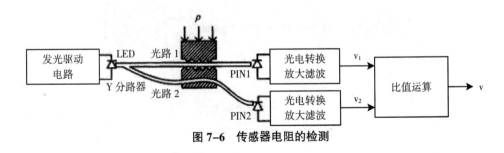

图 7-6 传感器电阻的检测

表 7-1 节气门位置传感器上各端子间电阻值

限位螺钉与止动杆间隙/毫米	端子名称	电阻值/千欧姆
0	VTA-E2	0.34~6.3
0.45	IDL-E2	≥0.5
0.55	IDL-E2	∞
节气门全开	VTA-E2	2.4~11.2
	VC-E2	3.1~7.2

2. 传感器的电压检测

当点火开关置于"ON"位置时，用电压表测 VC–E2、IDL-E2 、VTA–E2 端子间的电压值，应符合如表 7-2 所示电压值，如不符，则应更换节气门位置传感器。

表 7-2　节气门位置传感器各端子电压

端子	条件	标准电压/V
IDL–E2	节气门开	9~14
VC–E2	—	4.0~5.5
VTA–E2	节气门全闭	0.3~0.8
	节气门全闭	3.2~4.9

三、进气温度传感器的检测

进气温度传感器（见图 7-7）的功能是检测进气温度，并将温度信号转换为电信号输入发动机电控单元。进气温度信号是多种控制功能的修正信号，包括燃油脉宽、点火正时、怠速控制和尾气排放等，若进气温度传感器信号中断，将导致发动机热启动困难，燃油脉宽增加，尾气排放恶化。

在汽车上常采用负温度系数热敏电阻的进气温度传感器，进气温度传感器与 ECU 的连接电路（见图 7-8）。进气温度传感器内的热敏电阻随着进气温度变化时，ECU 通过 THA 端子测得的分压值随之变化，ECU 根据分压值来判断进气温度。

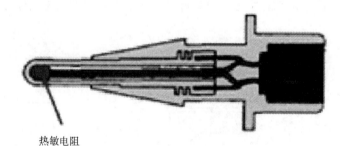

热敏电阻

图 7-7　进气温度传感器

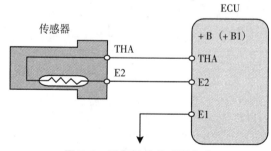

图 7-8　进气温度传感器电路

1. 进气温度传感器的电阻检测

单件检查时，点火开关置于"OFF"，拔下进气温度传感器导线连接器，并将传感器拆下，用电热吹风器、红外线灯或热水加热进气温度传感器；用万用表欧姆挡测量在不同温度下两端子间的电阻值，将测得的电阻值与标准数值进行比较，如果与标准值不符，则应更换。

2. 进气温度传感器的输出信号电压值检测

当点火开关置于"ON"位置时，ECU 的 THA 端子与 E2 端子间或进气温度传感器连接器 THA 和 E2 端子间的电压值在 20℃ 时应为 0.5~3.4 伏。

四、冷却液温度传感器的检测

冷却液温度传感器的功用是给 ECU 提供发动机冷却液温度信号，作为燃油喷射和点火正时控制修正信号。一般安装在汽缸体水道或冷却水出口处。冷却液温度传感器如图 7-9 所示。冷却液温度传感器内的热敏电阻随着冷却液温度变化时，ECU 通过 THW 端子测得的分压值随之变化，ECU 根据分压值来判断冷却液温度。冷却液温度传感器与 ECU 的连接电路如图 7-10 所示。

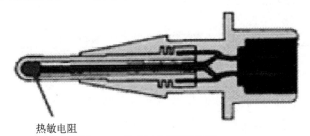

热敏电阻

图 7-9 冷却液温度传感器

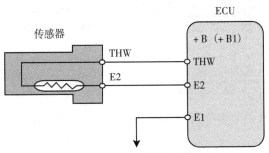

图 7-10 冷却液温度传感器电路

1. 冷却液温度传感器的电阻检测

（1）就车检查。点火开关置于"OFF"位置，拆卸冷却液温度传感器导线连接器，用数字式高阻抗万用表欧姆挡，按图所示测试传感器两端子（丰田皇冠 3.0 为 THW 和 E2，北京切诺基为 B 和 A）间的电阻值。其电阻值与温度的高低成反比，在热机时应小于 1。

（2）单件检查。拔下冷却液温度传感器导线连接器，然后从发动机上拆下传感器；将该传感器置于烧杯内的水中，加热杯中的水，同时用万用表欧姆挡测量在不同水温条件下冷却液温度传感器两接线端子间的电阻值，如图7-11所示。将测得的值与标准值相比较。如果不符合标准，则应更换冷却液温度传感器。

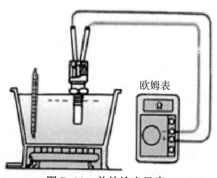

图7-11 单件检查示意

表7-3 测量水温传感器的电阻

水温	电阻值	水温	电阻值	水温	电阻值
50℃	740~900	70℃	390~480	90℃	210~270
60℃	540~650	80℃	290~360	100℃	160~200

2. 冷却液温度传感器输出信号电压的检测

装好冷却液温度传感器，将此传感器的导线连接器插好，当点火开关置于"ON"位置时，从冷却液温度传感器导线连接器"THW"端子（丰田车）或从ECU连接器"THW"端子与E2间测试传感器输出电压信号（对北京切诺基是从传感器导线连接器"B"端子或从ECM导线连接器"2"端子上测量与接地端子间电压）。丰田车THW与E2端子间电压在80℃时应为0.25 ~ 1.0伏。所测得的电压值应随冷却液温成反比变化。

五、凸轮轴/曲轴位置传感器

以丰田公司电磁式凸轮轴/曲轴位置传感器为例。丰田公司TCCS系统用电磁式凸轮轴/曲轴位置传感器安装在分电器内，其结构如图7-12所示。该传感器分成上、下两部分，上部分产生G信号，下部分产生Ne信号，都是利用带有轮齿的转子旋转时，使信号发生器感应线圈内的磁通变化，从而在感应线圈里产生交变的感应电动势，再将它放大后，送入ECU。

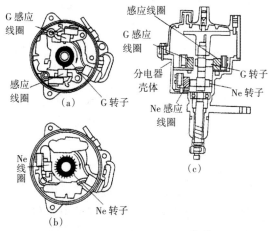

图 7-12　丰田电磁式传感器

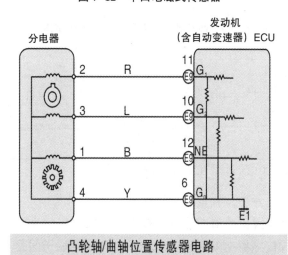

凸轮轴/曲轴位置传感器电路

图 7-13　传感器电路

　　Ne 信号是检测曲轴转角及发动机转速的信号，该信号由固定在下半部具有等间隔 24 个轮齿的转子（No.2 正时转子）及固定于其对面的感应线圈产生，如图 7-13 所示。

　　当转子旋转时，轮齿与感应线圈凸缘部（磁头）的空气间隙发生变化，导致通过感应线圈的磁场发生变化而产生感应电动势。轮齿靠近及远离磁头时，将产生一次增减磁通的变化，所以，每个轮齿通过磁头时，都将在感应线圈中产生一个完整的交流电压信号。No.2 正时转子上有 24 个齿。故转子旋转 1 圈，即曲轴旋转 720°时，感应线圈产生 24 个交流电压信号。Ne 信号，其一个周期的脉冲相当 30°曲轴转角。更精确的转角检测，是利用 30°转角的时间由 ECU 再均分 30 等份，即产生 1°曲轴转角的信号。同理，发动机的转速由 ECU 依照 Ne 信号的两个脉冲（60°曲轴转角）所经过的时间为基准进行计测。

　　G 信号用于判别汽缸及检测活塞上止点位置，相当于日产公司磁脉冲式凸轮轴/曲轴位置传感器的 120°信号。G 信号是由位于 Ne 发生器上方的凸缘转轮（No.1 正时转子）及其对面对称的两个感应线圈（G1 感应线圈和 G2 感应线圈）产生的。其构造如图 7-13 所示。其产生信号的原理与 Ne 信号相同。G 信号也用作计算曲轴转角时的基准信号。

G1、G2 信号分别检测第 6 缸及第 1 缸的上止点。由于 G1、G2 信号发生器设置位置的关系，当产生 G1、G2 信号时，实际上活塞并不是正好达到上止点（BTDC），而是在上止点前 10°的位置。

1. 凸轮轴/曲轴位置传感器的电阻检查

点火开关置于"OFF"位置，拔开凸轮轴/曲轴位置传感器的导线连接器，用万用表的电阻挡测量凸轮轴/曲轴位置传感器上各端子间的电阻值。如果阻值不在规定的范围内，必须更换凸轮轴/曲轴位置传感器。

表 7-4　凸轮轴/曲轴位置传感器的电阻值

端子	条件	电阻值（欧姆）
G1-G-	冷态	125~200
	热态	160~235
G2-G-	冷态	125~200
	热态	160~235
Ne-G-	冷态	155~250
	热态	190~290

注："冷态"是指-10℃~50℃，"热态"是指 50℃~100℃。

2. 凸轮轴/曲轴位置传感器输出信号的检查

拔下凸轮轴/曲轴位置传感器的导线连接器，当发动机转动时，用万用表的电压挡检测凸轮轴/曲轴位置传感器上 G1-G-、G2-G-、Ne-G-端子间是否有脉冲电压信号输出。如没有脉冲电压信号输出，则须更换凸轮轴/曲轴位置传感器。

3. 感应线圈与正时转子的间隙检查

用厚薄规测量正时转子与感应线圈凸出部分的空气间隙，其间隙应为 0.2~0.4 毫米。若间隙不符合要求，则须更换分电器壳体总成。

六、氧传感器

1. 氧化锆式氧传感器

在氧化锆管的内外表面覆盖着一薄层铂作为电极，传感器内侧通大气，外侧直接与排气管中的废气接触。

在 400℃以上的高温时，若氧化锆内、外表面处的气体中的氧的浓度有很大差别，在两个铂电极之间将会产生电动势。将此电动势输送给 ECU，即可作为判断实际空燃比的依据。当混合气稀时，排出的废气中氧的含量高，传感器内、外侧氧的浓度差小，氧化锆元件内外侧两极之间产生的电压很低（接近 0 伏）；反之，混合气过浓时，排出的废气中氧的含量低，传感器内、外侧氧的浓度差大，两电极间产生的电压高（约为1伏）。在理论空燃比附近，氧传感器输出电压信号值有一个突变，如图7-14所示。

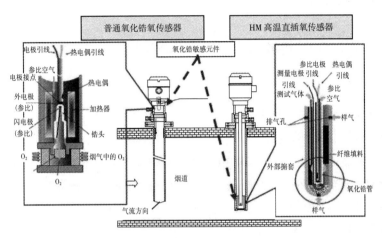

图 7-14　氧化锆式氧传感器

2. 氧化钛式氧传感器及其特性

该传感器主要由二氧化钛元件、导线、金属外壳和接线端子等组成。当废气中的氧浓度高时，二氧化钛的电阻值增大；反之，废气中氧浓度较低时二氧化钛的电阻值减小，利用适当的电路对电阻变量进行处理，即可转换成电压信号输送给 ECU，用来确定实际的空燃比。

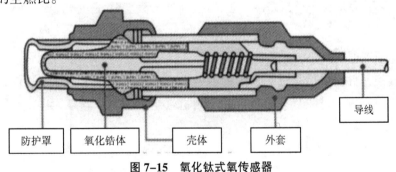

图 7-15　氧化钛式氧传感器

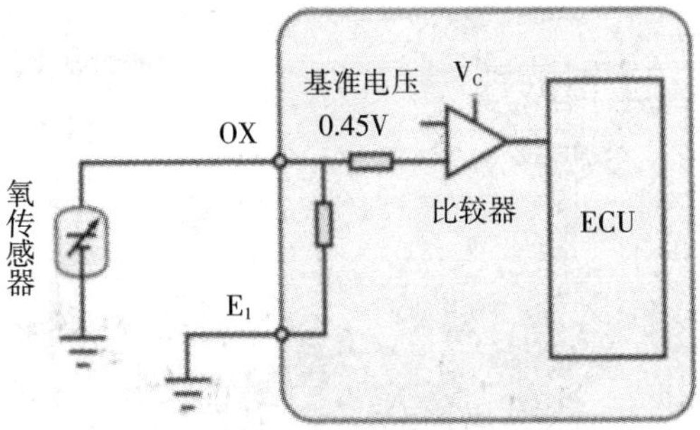

图 7-16　氧传感器电路

3. 氧传感器控制电路

在闭环控制过程中，当实际空燃比比理论空燃比小时，氧传感器向 ECU 输入的高电压信号（0.75~0.9 伏），此时 ECU 将减少喷油量，使实际空燃比增大；当空燃比增大到理论空燃比时，氧传感器输出电压信号将突变下降至 0.1 伏左右，ECU 将增加喷油量，使实际空燃比减小。如此反复，就能将实际空燃比控制在理论空燃比附近一个极小的范围内。

4. 氧传感器的检修

（1）热型氧传感器加热器的检查：检测加热器线圈的电阻，如丰田 LS400 在 20℃时线圈阻值应为 5.1~6.3 欧姆。

（2）氧传感器信号检查：使发动机高速运转，直到氧传感器的工作温度达到 400℃以上再维持怠速运转。然后反复踩动加速踏板，并测量氧传感器输出信号电压，加速时应输出高电压信号（0.75~0.90 伏），减速时应输出低电压信号（0.10~0.40 伏）。若不符合上述要求，应更换氧传感器。

七、进气压力传感器的检测

进气歧管绝对压力传感器用于 D 型汽油喷射系统。它在汽油喷射系统中所起的作用和空气流量传感器相似。进气歧管绝对压力传感器根据发动机的负荷状态测出进气歧管内绝对压力（真空度）的变化，并转换成电压信号，与转速信号一起输送到电控单元（ECU），作为确定喷油器基本喷油量的依据。在当今发动机电子控制系统中，应用较为广泛的有半导体压敏电阻式、真空膜盒传动式两种。

1. 结构原理

半导体压敏电阻式进气歧管绝对压力传感器（见图 7-17）由压力转换元件（硅膜片）和把转换元件输出信号进行放大的混合集成电路组成。压力转换元件是利用半导体的压阻效应制成的硅膜片。硅膜片的一侧是真空室，另一侧导入进气歧管压力，所

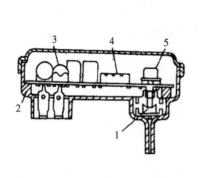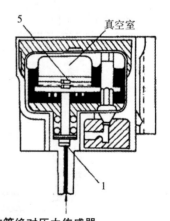

图 7-17　半导体压敏电阻式进气歧管绝对压力传感器
1—滤清器；2—塑料外壳；3—MPI 过滤器；4—混合集成电路；5—压力转换元件

以进歧管内绝对压力越高，硅膜片的变形越大，其变形量与压力成正比。附着在薄膜上的应变电阻的阻值则产生与其变形量成正比的变化。利用这种原理，可把进气歧管内压力的变化变换成电信号。

2. 半导体压敏电阻式进气歧管压力传感器的检测

（1）皇冠 3.0 轿车 2JZ–GE 发动机用半导体压敏电阻式进气歧管绝对压力传感器的检测。皇冠 3.0 轿车 2JZ–GE 发动机用半导体压敏电阻式进气歧管绝对压力传感器与ECU 的连接电路如图 7–18 所示。

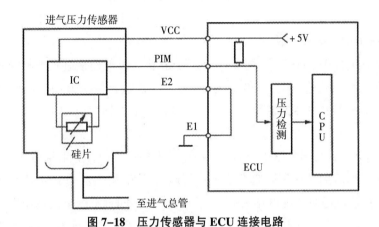

图 7–18　压力传感器与 ECU 连接电路

1）　传感器电源电压的检测：点火开关置于"OFF"位置，拔下进气歧管绝对压力传感器的导线连接器，然后将点火开关置于"ON"位置（不启动发动机），用万用表电压挡测量导线连接器中电源端 VCC 和接地端 E2 之间的电压如图 7–19 所示，其电压值应为 4.5~5.5 伏。如有异常，应检查进气歧管绝对压力传感器与 ECU 之间的线路是否导通。若断路，则应更换或修理线束。

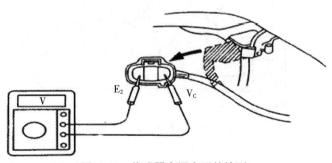

图 7–19　传感器电源电压的检测

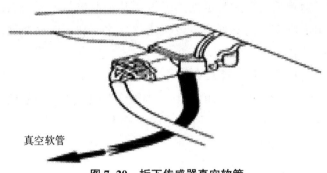

图 7-20　拆下传感器真空软管

2）传感器输出电压的检测：

将点火开关置于"ON"位置（不启动发动机），拆下连接进气歧管绝对压力传感器与进气歧管的真空软管（图 7-20）。在 ECU 导线连接器侧用万用表电压挡测量进气歧管绝对压力传感器 PIM-E2 端子间在大气压力状态下的输出电压（图 7-21），并记下这一电压值；然后用真空泵向进气歧管绝对压力传感器内施加真空，从 13.3 千帕（100 毫米汞柱）起，每次递增 13.3 千帕（100 毫米汞柱），一直增加到 66.7 千帕（500 毫米汞柱）为止，然后测量在不同真空度下进气歧管压力传感器（PIM-E2 端子间）的输出电压。该电压应能随真空度的增大而不断下降。将不同真空度下的输出电压下降量与标准值相比较，如不符，应更换进气歧管压力传感器。皇冠 3.0 轿车 2JZ-GE 发动机和丰田 HIACE 小客车 2RZ-E 发动机进气歧管压力传感器的标准输出电压值如表 7-5 所示。

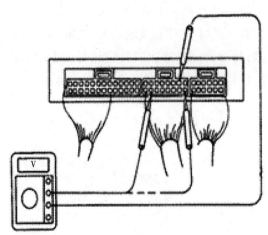

图 7-21　测量传感器输出信号

表 7-5　进气歧管绝对压力传感器的真空度与输出电压的关系

电压值（伏）	0.3~0.5	0.7~0.9	1.1~1.3	1.5~1.7	1.9~2.1
真空度千帕（毫米汞柱）	13.3（100）	26.7（200）	40.0（300）	53.5（400）	66.7（500）

（2）北京切诺基轿车用半导体压敏电阻式进气歧管绝对压力传感器的检测

北京切诺基轿车用半导体压敏电阻式进气歧管绝对压力传感器与 ECU 的连接如图7-22所示。传感器与 ECU 有三根导线相连：ECU 向传感器供电的电源线（输入传感器的电压为 4.8~5.1 伏），传感器的信号输出线和传感器的接地线。在发动机怠速运转时，进气歧管的真空度高（绝对压力低），传感器的电阻值大，如图 7-23 所示，传感器输出 1.5~2.1 伏的低电压信号；当节气门全开时，歧管真空度低（绝对压力高），传感器电阻小，传感器输出 3.9~4.8 伏的高电压信号。

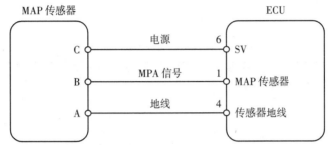

图 7-22 压力传感器与 ECU 连接电路

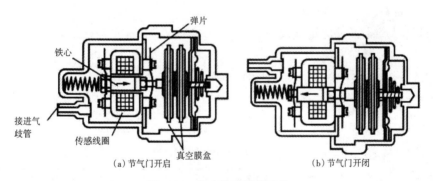

图 7-23 压力传感器的工作

1）传感器电源电压的检测：用万用表电压挡测试 ECU 线束端子 6 的电压值。当点火开关接通（ON）时，该电压应为 5±0.5 伏；再用万用表测试传感器端子 C 电压值，其电压值也应为 5±0.5 伏。如不符，则为传感器电源线断路或连接器接触不良。

2）传感器、输出电压信号值的检测：用万用表的电压挡测试传感器端子 B 的输出电压。当点火开关接通（ON）而发动机未启动时，传感器的输出电压值应为 4~5 伏；当发动机在热机空挡怠速运转时，输出电压应降到 1.5~2.1 伏。此时，如从 ECU 线束侧 1 端子处测试，其电压值也应是上述数值；如不符，则为传感器信号连线断路或连接器接触不良。

3）测试传感器的接地情况：用万用表欧姆挡，从传感器的端子 A 处，测试其接地电阻。如电阻值不为零或电阻值较大，多数为导线断线或 ECU 插接件连接不良，应予修理或更换线束。

4）测试 ECU 传感器地线的接地情况：用万用表欧姆挡测试 ECU 传感器地线（端子 4）与 ECU 电源地线（端子 11 或 12）间的电阻值及 ECU 电源地线（端子 11 或 12）与发动机地线接柱（发动机接地线在汽缸体右侧机油尺管的安装螺栓上）之间的电阻值。若它们之间的电阻值均为 0 欧姆或大于 1 欧姆，传感器地线接地良好；若电阻值小于 1 欧姆或更大，则传感器地线接地不良，应查明原因并予以排除。若 ECU 传感器地线与 ECU 电源地线间断路，且查不出原因，则应更换 ECU。

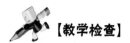
【教学检查】

表 7-6　电控发动机传感器检修工单

车型		组别	
一、准备工作			
①工量具及仪器的准备			
②被测车辆准备			
二、操作过程			

外壳　金属滤网
温度补偿电路
混合电路盒　导流隔栅
线束插座

进气气流

名称：
类型：
作用：

安装位置：

①导线检测结果：

②传感器端子判断：

1 号	2 号	3 号	4 号	5 号

③传感器性能检测记录：

	电压值
静态测量信号	
动态测量信号	

名称：

作用：

安装：

【线性式】

① （1、2）电阻小，转动节气门轴电阻变大。推出（　　　　）

② （1、3）电阻大，转动节气门轴电阻不变。推出（　　　　）

③ （2、3）电阻大，转动节气门轴电阻变小。推出（　　　　）

结论：

1号	2号	3号

【综合式】

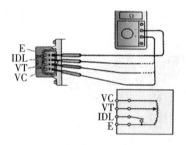

检测方法：

① （1、2）电阻为0，转动节气门轴电阻为∞。推出（　　　）

② （1、3）电阻小，转动节气门轴电阻变大。推出（　　　）

③ （1、4）电阻大，转动节气门轴电阻不变。推出（　　　）

④ （2、3）电阻小，转动节气门轴电阻为∞。推出（　　　）

⑤ （2、4）电阻大，转动节气门轴电阻为∞。推出（　　　）

⑥ （3、4）电阻大，转动节气门轴电阻变小。推出（　　　）

检测结果：

端子，状态	全闭	闭—开	全开
IDL–VC			
VTA–E2			
VTA–VC			
IDL–E2			

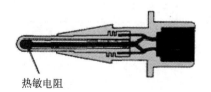

热敏电阻

名称：

作用：

安装位置：

①导线检测结果：

②传感器端子判断：

1号	2号

③传感器性能检测记录：

大气温度信号电压为：

人体温度信号电压为：

续表

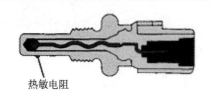

热敏电阻

名称：

作用：

安装位置：

①导线检测结果：

②传感器端子判断：

1号	2号

③传感器性能检测记录：

20℃	40℃	60℃	80℃	100℃

名称：

类型：

作用：

安装位置：

①导线检测结果：

②传感器电阻检测：
　　电阻为：

③传感器性能检测记录：

动态测量信号电压为：

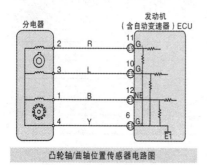

凸轮轴/曲轴位置传感器电路图

①各端子判断：

1号	2号	3号	4号

②测量阻值：

端子名称	测量的阻值
4----1	
4----2	
4----3	

名称：

类型：

作用：

安装位置：

①导线检测结果：

②传感器端子判断：

1号	2号	3号	4号

③传感器电阻检测记录：

加热电阻为：	
信号电阻为：	

续表

名称:

类型:

作用:

安装位置:

画出三线高灵敏可变电阻式内部结构图

①导线检测结果:

②传感器端子判断:

1号	2号	3号

③传感器电阻检测记录:

端子	电阻值
VC--E2	
PIM--E2	

④信号电压检测记录:

压力情况	测量电压
大气压力	
随压力变化	

三、实训结论

【教学评估】

表7-7 评估

序号	学习内容	自我评价			
		了解	掌握	在指导下操作	可独立操作
1	传感器认识				
2	丰田车系磁感应式曲轴位置与转速传感器的检测				
3	丰田卡罗拉 1ZR-FE 发动机曲轴位置传感器与凸轮轴位置传感器检测				
4	丰田卡罗拉车型爆震传感器的检查				

 课后小结

根据前面的学习,我们学习到七种传感器的检测,针对热线式空气流量计的检测,在实际维修中,欲测试各条线束的导通性,应关闭点火开关,拔下传感器插头与电控单元插接器,使用数字万用表分别测量各线束间的电阻,相连导线电阻应当小于1欧姆,不相连导线电阻应 ∞ 为正常。

情境八　电控发动机点火系统的检测

📖 情境引入

　　一辆卡罗拉轿车，用户反映发动机不能启动。经初步检查发现，该车没有高压电。拆下火花塞检查，发现上面有明显的油迹，看来喷油器已经将汽油喷到了汽缸里。于是笔者拆下 1 个喷油器插头接上试灯，在启动发动机时试灯闪烁，由此可以判定喷油信号正常。

　　之后连接故障诊断仪检测发动机电控系统，但未发现故障记忆存储。此时维修人员把目光聚焦在点火系统上。那么如何检查电控发动机的点火系统呢？

【教学计划】

（1）掌握点火系统的结构特点、工作原理及电路分析方法；

（2）点火系统检测连接及点火波形种类、特点；

（3）点火波形与故障波形的分析。

【教学信息】

一、　点火系统的认识

　　传统点火系统又称触点式点火系统，主要由点火线圈、分电器、火花塞、高压线和分缸线等组成；在传统点火系统中，电源给的 6 伏或 12 伏的低压直流电，经断电器和点火线圈转变为高压电，在经配电器分送到各缸火花塞，在火花塞的电极间产生火花，点燃混合气，使发动机工作。

　　点火系统的基本功用是在发动机各种工况和使用条件下，在汽缸内适时、准确、可靠地产生电火花，以点燃可燃混合气，使发动机作功。

　　在汽油机各系统中点火系对发动机性能影响最大，统计数值表明有将近一半的故障是因为电器系统工作不良而引起的，因此，发动机性能检测往往从点火系统开始。

　　首先，使用先进电子技术的当属点火系统。形式结构和工作原理更新最快的非点火系统莫属。现用点火系统大体分为以下几类，它们在检测时的接线有所不同，必须区别对待：

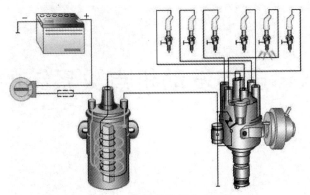

图 8-1　电控发动机点火系统

（1）由电磁、红外或霍尔元器件构成的非接触式断电器组成的点火系统称为无触点点火器，其放大电路又分为晶体管电路和电容放电电路两种。

（2）ECU（Electronic Control Unit）控制的点火系，ECU 中的微处理器根据曲轴转角传感器的信号确定点火时刻，因而它没有断电器，只有分电器，根据 ECU 送来的信号直接控制点火线圈初级电路的通断。

（3）无分电器点火系统（Distributor-Less Ignite）是当前最先进的点火系统，曲轴传感器送来的不仅有点火时刻信号，而且还有汽缸识别信号，从而使点火系统能向指定的汽缸在指定的时刻送去点火信号，这就要求每缸配有独立的点火线圈，但如果是六缸机则 1 缸、6 缸，2 缸、5 缸和 3 缸、4 缸分别共用一个点火线圈，即共有三个点火线圈，显然每一个点火线圈点火时，总有一个缸是空点火，检测时应注意到这一点。

无触点点火系统能使用低阻抗电感线圈，从而大幅度提高初级电流，使次级电压高达 30 千伏以上，增强点火能量以提高点燃稀混合气的能力，在改善燃油经济性的同时也降低排气污染。无分电器点火系完全是电子器件无机械运动部件，彻底解决了凸轮和轴承磨损以及点接触烧蚀间隙失调而引起的一系列故障。

二、点火系统工作原理

（1）点火开关接通 IG2，向点火器、点火线圈和 ECU 通电。

（2）发动机工作时，ECU 根据传感器输入的信号，确定发动机点火时刻，向点火器发出触发点火信号"IGT"，切断初级电路，使次级绕组感应出高压电，高压电经分电器送到各缸火花塞，IGT 信号如图 8-2 所示。

（3）发动机每点 1 次火，点火器向 ECU 反馈 1 个点火确认信号"IGF"，作为自诊断系统监控信号。

若 ECU 连续 4 次未收到"IGF"信号，即判定点火系统出现故障，停止燃油喷射，IGF 信号如图 8-3 所示。

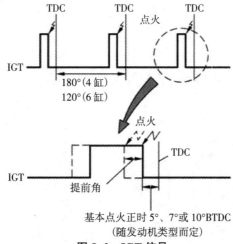

图 8-2 IGT 信号

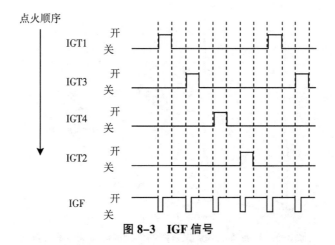

图 8-3 IGF 信号

三、点火系统检测连接及点火波形种类、特点

点火系统检测连接方法：

检测点火系首先将信号提取系统连接到发动机线路上。图 8-4 是机械点火系和晶体管点火系信号提取接头的连接方法；图 8-5 是电容放电式点火系统的信号提取接头连接方法。

无分电器点火系统是将高压通过独立式点火线圈连接送向火花塞，当高压感应夹难以找到可夹持的位置时，可用一种专用感应夹具夹持于独立式点火线圈上以感应出高压信号，如图 8-6 所示。

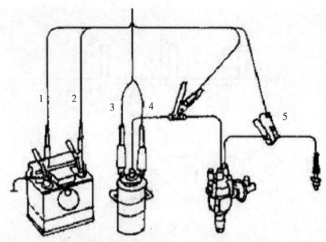

图 8-4　机械点火系和晶体管点火系信号提取接头的连接方法

1—蓄电池夹；2—蓄电池夹（红色正极，黑色负极）；3—点火线圈初级接线夹；5—电感式夹

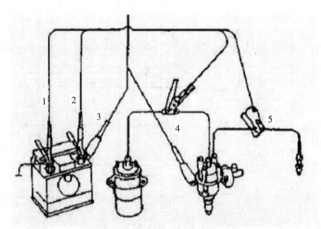

图 8-5　电容放电式点火系统的信号提取接头连接方法

1—蓄电池夹；2—蓄电池夹（红色正极，黑色负极）；3—点火线圈初级接线夹；5—电感式夹

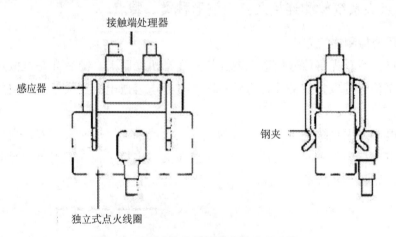

图 8-6　独立式点火线圈上夹持式感应器

四、点火波形种类

当汽缸点火波形采集完成后，检测分析仪采集系统计算机软件将捕捉的点火波形进行不同类别的排列与组合，以多缸平列波、多缸并列波、多缸重叠波和单缸选缸波四种排列形式分别显示点火波形，以便于检测人员从不同排列形式波形中观测、分析、判断点火系技术状况。以供检测人员快捷而准确地判断故障的成因。

1. 平列波

按点火次序将各缸点火波形首尾相连排成一字开来，称为平列波，图8-7为一个4缸发动机的平列波形，其作用主要用以分析次级电压的故障，各缸次级击穿电压是否均衡，火花电压是否均衡，火花电压是否有差异在平列波图上一目了然。

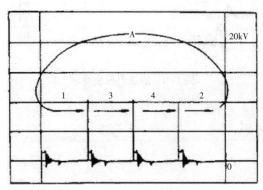

图8-7 标准4缸次级电压的平列波形

2. 并列波

如将各缸的点火波形始点对齐而由上至下按点火次序排列而形成的波形，如图8-8所示为一个4缸发动机的初级电压并列波形。这一波形图可以看到各缸的全貌，分析各缸闭合角和开起角以及各缸火花塞的工作状态十分方便，如使用TDC传感器或频闪灯将上止点信号标于一缸电压波形上则可以检测到点火提前角。

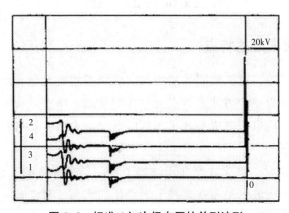

图8-8 标准4缸次级电压的并列波形

3. 重叠波

将各缸的点火波形起始点对齐，全部重叠在一个水平位置上称为重叠波，如图8-9所示。如果触点式点火系统的分电器凸轮磨损不均匀或凸轮轴磨损严重将会造成波形重叠不良，一般重叠角不能超过周期的5%。

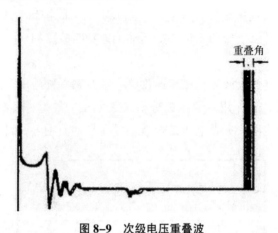

图8-9　次级电压重叠波

五、单缸点火波形

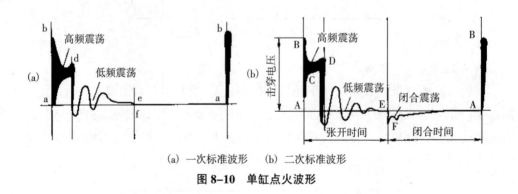

(a) 一次标准波形　　(b) 二次标准波形

图8-10　单缸点火波形

六、次级点火波形的特点

在发动机点火系中，点火线圈的初级和次级绕组均有充电和放电的过程，这两个过程是用汽车示波器以感应方式监测点火过程的基础。所有点火系统，无论是传统触点点火系，还是磁感应电子点火系和霍尔效应电子点火系，均可在示波器上观察点火过程的曲线变化状态。

发动机停止工作时，点火波形在示波器上是一条水平直线，该直线定义为零线。当发动机工作时，点火波形呈现在零线上下变化的状态。对于某种完好的点火系统存在该系统点火曲线形态的相对标准波形。根据实际监测到的点火波形与标准波形比较找出差异，即可高效地查出故障源。

测试时，发动机处于正常工作温度，在不同负荷及转速下检测点火系性能。如图8-11所示 CA 488Q 发动机点火系单缸和多缸并列次级点火波形。

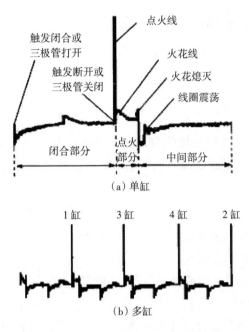

(a) 单缸

(b) 多缸

图 8-11　CA 488Q 发动机点火系次级点火波形

其中，初级电压波形和次级电压波形极为相似，但在进行点火系故障诊断时，大都检测次级波形，只在判断点火线圈工作质量时才检测初级波形。

（1）单缸标准次级点火波形分成三个部分［见图8-11（a）］：点火部分、中间部分、闭合部分。

点火部分：点火部分有一条点火线和一条火花线，点火线是一条垂直的直线，它代表克服火花塞间隙所需的电压；火花线则是一条近似水平的线，而微观上为锯齿状曲线，代表维持电流通过火花塞所需的电压。

中间部分：中间部分显示点火线圈中剩余的能量，它会通过初级和次级的来回震荡来耗散剩余的能量。这时白金触点开启或晶体管断路。

闭合部分：闭合部分代表线圈的通电状态，这段时间是白金触点接合或晶体管导通的时间。

（2）多缸并列标准波形：各缸波形的状态、电压峰值、频率、脉冲宽度等都一致，且波形测试数据在标准数据范围内。传统点火系统电压约为 10 千伏，电子系统应该更高。点火线应相等，且极易比较：如果有短线表示引线电阻低；长线表示引线电阻高。

【教学实施】

实施准备

（1）了解实训室相关规章制度；

（2）穿戴规定的工作服，保障自身人身安全；

（3）示波器、丰田卡罗拉汽车发动机台架。

实施过程

一、点火波形分析方法

在点火系的故障中，主要的故障有无火、缺火、乱火、火弱及点火正时失准等。这些故障将会造成发动机不能启动或工作不正常。点火系故障部位可分为低压线路和高压线路两部分。

点火波形是汽油机在点火过程中，分缸高压线上的电压随时间的变化规律。

如果实测的点火波形与标准波形出现明显差异，说明点火系统（或供油系统）有故障。因此，分析点火波形方法有：

确认幅值、频率、形状和脉冲宽度等判定性尺度，在各缸的点火波形上是否一致。特别是在急加速或高负荷时。

各缸的点火峰值电压高度应该相对一致、基本相等，任何峰值电压高度与实际的偏差都意味着可能存在故障。在急加速或高负荷条件下由于汽缸压力的增加，所有缸的点火峰值电压高度都应该增加。

如果有一个汽缸的点火波形峰值电压明显比其他缸高出许多，则表明该缸的点火次级电路中电阻过大。这可能是点火高压线可能开路或电阻太大。反之，如果有一个缸的点火波形峰值电压比较低，则可能是点火高压线短路或火花塞间隙过小、火花塞受污损或破裂。

如果检查发动机带负荷的情况下点火的断火情况，当急加速时所有汽缸的击穿电压应该均匀地提高，如果某个汽缸的击穿电压升高过大，则说明该汽缸有问题。

在有负荷或急加速时点火不良，并且同时还出现所有汽缸的点火峰值电压都低的情况，这就可能意味着点火线圈的性能变差了。

二、各类点火系波形的检测

1. 触点式点火系波形

在发动机综合性能分析仪的操作面板上按菜单选择和确认按钮，使采控系统进入波形显示状态，选择当时即可得到点火波形如图 8-12 所示（具体的操作步骤需按所用仪器的使用说明书进行）。图示为触点式点火系统的正常点火波形，上面为次级波，下面为初级波。图中 A 为触点开启段；B 为触点闭合段，为点火线圈充磁区。

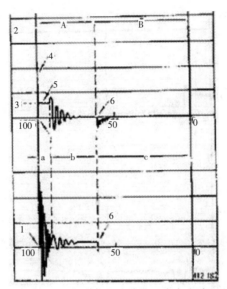

图 8-12　触点式点火系统的正常点火波形

（1）触点开启点：点火线圈一次回路切断，次级电压被感应剧烈上升。

（2）点火电压：次级线圈电压克服高压线阻尼、断电器间隙和火花塞间隙而释放充磁能量，1~2 段为击穿电压。

（3）火花电压：为电容放电电压。

（4）点火电压脉冲：为充电、放电段。

（5）火花线：电感放电过程，即点火线圈的互感电压能维持二次回路导通。

（6）触点闭合：电流流入初级线圈，因次级线圈的互感而产生震荡。

1）在火花持续期内因磁感应而在初级线路上电压震荡。

2）火花期后，剩余磁场能量产生的衰减震荡。

3）初级线圈的闭锁段。

从这一波形图上我们可以清晰地看到断电器闭合角、开启以及击穿电压和火花电压的幅值，并可以测试到火花延迟期和两次震荡过程。对于无故障点火系统，触点闭合角为全周期的 45%~50%（4 缸机）或 63%~70%（6 缸机），8 缸机为 64%~71%，击穿电压超过 15 千伏，火花电压 9 千伏左右，火花时间大于 0.8 秒。当这些数值或波形异常时，就意味着故障的出现或系统需要调整。

2. 无触点点火系波形

如图 8-13 所示为无触点的电子点火系统的正常点火波形，与有触点者相比，因其初级电路的通断不是机械触点的合与开，而是晶体管的导通持续期内初级电压没有明显的震荡，而充磁过程中因限流作用电压有所提高，这一变动因点火圈的感应引起次级电压线相应的波动（如图 8-13 中点 2 所示），这是无触点点火波形的正常现象，检测时需注意这一点。

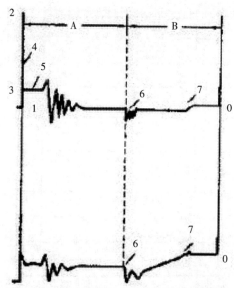

图 8-13 无触点式点火系统的正常点火波形

3. 无分电器点火系统波形

无分电器点火系统中两缸共用一分点火线圈将会发生一个缸在循环中点火两次，一次是在压缩过程末期 [见图 8-14 (a)]，是有效点火，该工况下因汽缸的充量为新鲜可燃混合气的电离程度低，因此击穿电压和火花电压较高；另一次是在排气过程末期 [见图 8-14 (b)]，是无效点火，该工况下因汽缸为燃烧废气，电离程度较高，因为击穿电压及火花电压较低，检测时应加以区分。

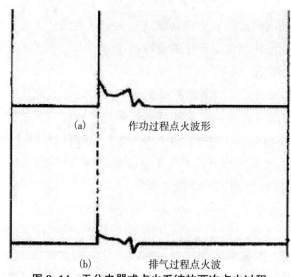

(a)　　　　作功过程点火波形

(b)　　　　排气过程点火波

图 8-14 无分电器式点火系统的两次点火过程

三、次级点火波形可查明的故障

1. 单缸次级点火波形能查明的故障

(1) 检测单缸的点火闭合角;

(2) 确定单缸点火线圈的充电时间;

(3) 判断次级高压电路的性能;

(4) 判断电容性能;

(5) 查明某缸失火的火花塞;

(6) 查出短路或开路的火花塞、高压线;

(7) 查出点火不良、受污染的火花塞。

2. 多缸并列次级点火波形可查明故障

(1) 诊断出分电盘的漏电;

(2) 诊断出分火头的漏电情况;

(3) 诊断出各缸高压线的漏电情况;

(4) 诊断出火花塞的漏电情况。

【教学检查】

表 8-1 电控发动机燃油泵控制电路检修工单

车型		组别	
一、准备工作			
①工量具及仪器的准备			
②被测车辆准备			
二、操作过程			
电控发动机点火系统的组成	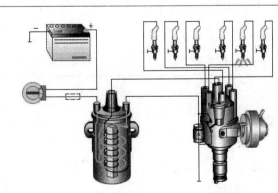 电控发动机由_____组成		

续表

点火波形分析方法	1. 2. 3. 4.
波形的识别	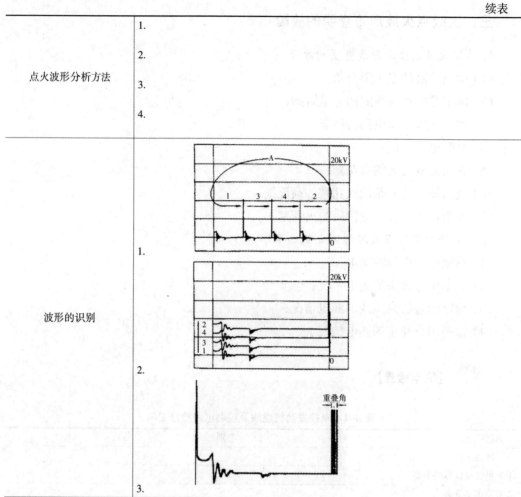 1. 2. 3.

三、实训结论

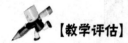【教学评估】

表8-2 评估

序号	学习内容	自我评价			
		了解	掌握	在指导下操作	可独立操作
1	点火系统的认识				
2	点火系统检测连接				
3	点火波形种类				
4	点火波形的特点				

课后小结

根据前面的学习，我们学习到波形分析技术应用于汽车维修业，可以大大提高汽车故障诊断的速度与准确性，利用波形分析检测时，示波器可以显示出电子信号的各种参数，利用这些参数就能够判定这个电子信号的波形是否正常，然后，通过波形分析便可以进一步检查出电路中传感器、执行器以及电路和控制电脑等各部分的故障，从而进行修理。

情境九　电控发动机不能启动故障诊断

 情境引入

　　一辆卡罗拉轿车，用户反映该车经过一个晚上，早上出门时启动汽车发动机，表盘是亮的，拧动钥匙时发出"咔咔咔"的异响，尝试了三四次均没办法启动发动机。维修人员首先初步外部观察检查 ECU 是否有变形、泡水、烧焦等，接着检查各缸是否有火。那么如果是我们遇到发动机不能启动的故障该如何处理呢？

 【教学计划】

（1）认识电控发动机的基本故障；

（2）了解故障诊断的基本原则、方法和注意事项；

（3）掌握电控发动机启动故障诊断方法。

【教学信息】

一、电控发动机故障诊断的基本原则

　　电控发动机的电子控制系统是一个精密而又复杂的系统，其故障的诊断也较为困难。而造成电控发动机不工作或工作不正常的原因可能是电子控制系统，也有可能是电子控制系统外的其他部分的问题。故障检查的难易程度也不一样。如果我们能够遵循故障诊断的一些基本原则，就可能以较为简单的方法迅速地找出故障所在，电控发动机故障诊断排除的基本原则可概括为：

图 9-1　一汽丰田卡罗拉

1. 先外后内

在发动机出现故障时，先对电子控制系统以外的可能故障部位予以检查。这样可避免本来是一个与电子控制系统无关的故障，却对系统的传感器、电脑、执行器及线路等进行复杂且又费时、费力的检查，即真正的故障可能是较容易查找到，却未能及时找到。

图 9-2　故障指示灯

2. 先简后繁

能以简单方法检查的可能故障部位先予以检查。比如直观检查最为简单，我们可以用看（用眼睛观察线路是否有松脱、断裂；油路有否漏油、进气管路有无破损漏气等）、摸（用手摸一摸可疑线路插接器连接有无松动；摸一摸火花塞的温度、喷油器的震动来判断火花塞、喷油器是否工作；摸一摸线路连接处有无不正常的高温以判断该处是否接触不良等）、听（用耳朵或借助于起子、听诊器等听一听有无漏气声、发动机有无异响、喷油器有无规律的喀嗒声等）等直观检查方法将一些较为显露的故障迅速地找出来。直观检查未找出故障，需借助于仪器、仪表或其他专用工具来进行检查，也应对较容易检查的先予以检查，能就车检查的项目先进行检查。

3. 先熟后生

由于结构和使用环境等原因，发动机的某一故障现象可能是以某些总成或部件的故障最为常见，先对这些常见故障部位进行检查，若未找出故障，再对其他不常见的可能故障部位予以检查，这样做，往往可以迅速地找到故障，省时、省力。

4. 代码优先

电子控制系统一般都有故障自诊断功能，当电子控制系统出现某种故障时，故障自诊断系统就会立刻监测到故障并通过汽车诊断仪检测发动机并以警告灯的形式向驾驶员示警，与此同时以代码的方式储存该故障的信息。但是对于有些故障，故障自诊断系统只储存该故障代码，并不报警。因此，在对发动机作系统检查前，应先按制造厂提供的方法，读取故障代码，并检查和排除代码所指的故障部位。待故障代码所指的故障消除后如果发动机故障现象还未消除，或者开始就无故障代码输出，则再对发动机可能的故障部位进行检查。

5. 先思后行

对发动机的故障现象先进行故障分析，在了解了可能的故障原因有哪些的基础上再进行故障检查。这样，可避免故障检查的盲目性：既不会对与故障现象无关的部位作无效的检查，又可避免对一些有关部位漏检而不能迅速排除故障。

6. 先备后用

电子控制系统的一些部件性能好坏，电气线路正常与否，常以其电压或电阻等参数来判断。如果没有这些数据资料，系统的故障检判将会很困难，往往只能采取新件替换的方法，这些方法有时会造成维修费用猛增且费工时。所谓先备后用是指在检修该型车辆时，应准备好维修车型的有关检修数据资料。除了从维修手册、专业书刊上收集整理这些检修数据资料外，还可以利用无故障车辆对其系统的有关参数进行测量，并记录下来，作为日后检修同类型车辆的检测比较参数。如果平时注意做好这项工作，会给系统的故障检查带来方便。

二、电控发动机故障诊断的基本方法

电控发动机故障诊断的基本方法按其诊断的深度可分为初步诊断和深入诊断。初步诊断是根据故障的现象，判断出故障产生原因的大致范围。深入诊断是根据初步诊断的结果对故障原因进行分析、查找，直到找出产生故障的具体部位。

电控发动机故障诊断按诊断故障所采用的手段，可分为：直观诊断、利用自诊断系统诊断、简单仪表诊断和专用诊断仪表器诊断等。

1. 直观诊断

直观诊断就是通过人的感觉器官对汽车故障现象进行看、问、听、试、嗅等，了解和掌握故障现象的特点，通过人的大脑进行分析、判断得出结论的诊断方法。直观诊断方法，也称经验诊断或人工诊断，它的基础是进行故障诊断操作的人员必须首先掌握被诊断系统的结构和工作原理，对其可能产生故障的现象、原因有一定的了解，并能掌握关键部件的检查方法。对于电控发动机，当发动机工作不正常，而自诊断系统却没有故障代码输出时，尤其需要操作人员以直观诊断法进行检查、判断，以确定故障的性质和产生的部位。直观诊断方法根据诊断者的经验和对诊断车辆的熟悉程度，在运用的范围上有极大的差别。经验丰富的诊断专家，可以利用直观诊断方法诊断出发动机可能出现的绝大多数故障，包括对确定故障性质的初步诊断和确定具体故障原因的深入诊断。

2. 直观诊断的主要内容有

（1）看，即目测检查，其目的是了解电控发动机的电控系统类型、车型，在进入更为细致的测试和诊断之前，能消除一些一般性的故障原因。

（2）问，为了迅速地检查故障源，首先必须了解出现时的情形、条件、如何发生及是否已检修过等与故障有关的情况和信息。为此，必须认真听客户对故障现象的描述，尽管客户的描述可能被曲解或不全面，也可能是自相矛盾的，但它时常有可能把握住问题关键。最好的做法是：在倾听客户的初步意见之后，思索一下，进行一次初诊断，随后询问一些有关的问题来帮助确定或否定初步诊断的结论。

（3）听，主要是听发动机工作时的声音：有无爆震、有无敲缸、有无失速、有无进气管或排气管放炮等。

（4）试，主要是维修人员根据前述检查，有针对性地试车，以便进一步确认故障。

3. 利用随车故障自诊断系统诊断

随车诊断是利用汽车上电控系统所提供的故障自诊断功能对电控发动机故障进行诊断的方法，即利用故障自诊断系统调取发动机电控系统的有关故障代码，然后根据故障代码表的故障提示，找出故障所在的方法。随着电子技术的发展与进步，发动机电控技术所占的比例越来越大，由于电量在测量方面的优越性，使得越来越多的电控系统在设计时，已经考虑到了故障诊断问题，即发动机电控系统中设计有故障自诊断功能，这就为发动机故障诊断提供了极大的方便。随车自诊断系统通常只能提供与电控系统有关的电气装置或线路故障，一般只能作出初步诊断结构，具体故障原因，还需要通过直接诊断和简单仪器进行深入诊断。

4. 利用简单仪表诊断

利用简单仪表诊断，就是利用以万用表和示波器为主的通用仪表，对电控发动机故障进行诊断的方法。因为电控系统的各部件均有一定的电阻值范围，工作时有输出电压信号范围和输出脉冲波形，因此用万用表测量元件的电阻或输出电压，用示波器测试元件工作时的输出电压波形，用万用表测量导通性等可判断元器件或线路是否正常。这种诊断方法的特点是：诊断方法简单、设备费用低，主要用于对电控系统和电气装置的诊断，因此，这种诊断方法可用于对故障进行深入诊断。其缺点是：对操作者的要求较高，在利用简单仪表进行故障诊断时，操作者必须对系统的结构和线路连接情况有相当详细的了解，才可能取得满意的诊断效果。

5. 利用专用诊断仪器诊断

汽车的电子化迫使对汽车故障的诊断手段进行变革，随着汽车电子化的进程，各种汽车专用诊断仪器应运而生。这些专用诊断仪器大多数为带有微处理器的电子计算机系统，对汽车故障的诊断十分有效，但是由于专用诊断仪器成本较高，因此各种电脑分析仪一般适用于专业化的故障诊断和修理厂家。

 【教学实施】

实施准备

（1）了解实训室相关规章制度；

（2）穿戴规定的工作服，保障自身人身安全；

（3）一汽丰田卡罗拉整车。

实施过程

对于电控汽车发动机无法启动，要从点火系统、燃料供给系统、空气供给系统、机械方面和 ECU 等几方面来考虑分析和判断。具体操作步骤如下：

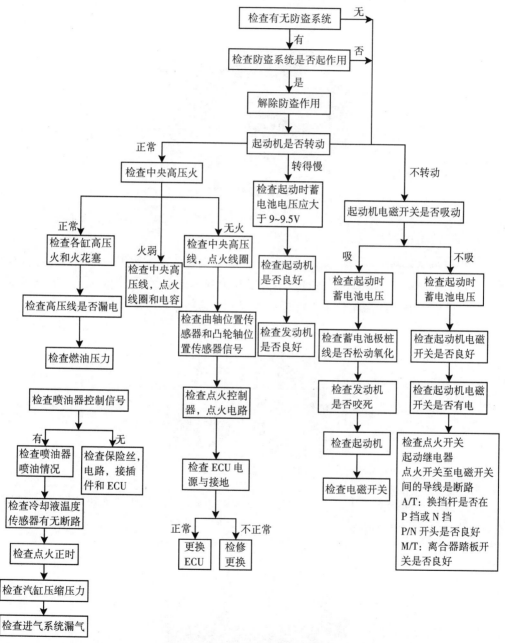

图 9-3　电控发动机不能启动程序

一、对点火系统检查

1. 检查各缸是否有火

拆下火花塞，将分缸线插接上火花塞并搭在缸体上，启动发动机，观察跳火情况是否正常。也可以用正时灯夹住各缸高压线，观察正时灯的闪烁情况，还可以用点火测试仪进行检查。

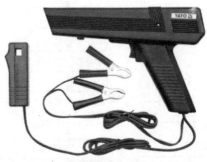

图 9-4　正时灯

2. 有分电器的汽车

如果分缸线无跳火，还要进一步检查中央线是否有火。若中央高压线有火而分缸线无火，则说明是分电器故障。应给予更换。若中央高线也没有火，则需要进行如下检查：

（1）检查继电器和保险丝是否良好；否则，更换新件。

图 9-5　汽车保险盒

（2）检查点火线圈：拔下点火线圈插头，检查点火线圈初级、次级线圈的电阻是否符合标准；否则，更换新件。

图 9-6　点火线圈

（3）检查点火器：检查点火器的电源及搭铁；检查 ECU 对点火器的脉冲信号、功率晶体管是否导通和截止。

（4）检查控制点火的传感器：检查发动机的曲轴位置传感器、凸轮轴位置传感器和转速传感器，可同时检查空气流量传感器或进气压力传感器等。如果确定传感器故障，就更换新件。不能确定的，就先检查传感器到 ECU 的线路是否导通和 ECU 给传感器的电源电压。

3. 初步外部观察检查 ECU 是否有变形、泡水、烧焦等

图 9-7　ECU

二、对油路的检查

1. 检查是否有油

拆下燃油分配管与进油管的连接处，打开点火开关（不启动），观察是否有油来。若无油来，则应进一步检查燃油系统相关元件及其电路。首先检查 EFI 保险丝、EFI 继电器，再检查油泵及其电路。若均良好，则应进一步检查曲轴位置传感器、凸轮轴位置传感器、空气流量传感器、进气压力传感器以及 ECU。若有油，就检查油压是否符合标准。在燃油滤清器到喷油器之间断开并接上油压表，启动发动机，观察油压应在 200~300 千帕间，否则进一步检查燃料供给系统相关元件，即燃油泵、滤网、喷油器、燃油滤清器等。

图 9-8　燃油滤清器

2.检查喷油器

（1）电阻检测：低电阻型电阻应为 1~3 欧姆，高电阻型电阻应为 13~18 欧姆，如果电阻为无穷大，则应更换新的喷油器。

（2）电压的检测：把点火钥匙打到"ON"挡，应有 12 伏左右的电压。

（3）制脉冲的检测：拆下喷油器插头，并在插头上接上 LED 灯，启动发动机，LED 灯应闪烁。如果 LED 灯不闪烁或不发光，说明喷油器电源电路、燃油泵继电器或 ECU 故障。

3.喷油器的堵塞和滴漏

三、对气路的检查

1.空气滤清器是否堵塞

2.怠速控制阀是否关闭或卡死

图 9-9　怠速控制阀

3.真空管是否脱落

图 9-10　真空管

4.各种连接卡箍是否拧紧

四、对机械部分的检查

首先看发动机是否能转动，然后用缸压表检查汽缸压力，若缸压不在 800~1300 千帕范围或压差超过标准。则要检查配气正时、缸垫、正时皮带、活塞环密封性、气门密封性等。

五、对 ECU 的检查

首先进行外观检查，是否有变形、烧伤、泡水、插脚折断等；然后检查线路、检查电源及搭铁，必要时进行解体检查。实践证明，汽车电子控制系统故障绝大多数都发生在传感器、执行器、连接器和线束等元件上，ECU 出现故障的可能性很小，汽车行驶 10 万千米，ECU 故障约占总故障的 1‰。因此，检查排除电子控制系统故障主要是检修零部件、连接器和线束。只有确认所有零部件正常之后，才能判定 ECU 故障。

六、电控发动机不能启动或启动困难诊断流程

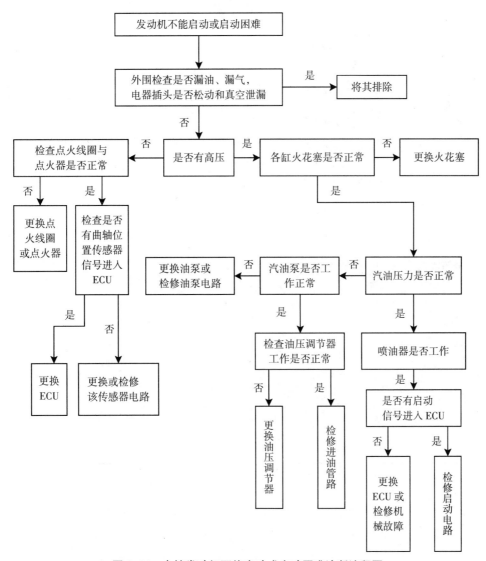

图 9-11 电控发动机不能启动或启动困难诊断流程图

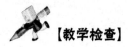

【教学检查】

表 9-1　电控发动机不能启动检修工单

车型		组别	
一、准备工作			
①工量具及仪器的准备			
②被测车辆准备			
二、操作过程			

故障现象	记录：
操作过程	记录： ①发动机是否有故障码： （无故障写"无"） ②检查的部件有： a. 点火系统检查： b. 油路检查： c. 机械部分检查： d. ECU 检查：
检测结果	

三、实训结论：

【教学评估】

表 9-2　评估

序号	学习内容	自我评价			
		了解	掌握	在指导下操作	可独立操作
1	工具及仪器设备的准备				
2	电控发动机不能启动诊断				
3	对点火系统、油路、气路的检测				
4	对机械结构和 ECU 的检测				
5	电控发动机不能启动故障排除				

课后小结

　　根据前面的学习，我们学习到电控发动机故障诊断的基本方法电控发动机故障诊断按其诊断的深度可分为初步诊断和深入诊断。初步诊断是根据故障的现象，判断出故障产生原因的大致范围。深入诊断是根据初步诊断的结果对故障原因进行分析、查找，直到找出产生故障的具体部位。

情境十　电控发动机启动困难故障诊断

📖 **情境引入**

　　一辆卡罗拉轿车，来油不畅，有异响，启动时间为五到十分钟不等。起初故障两三天出现一次，后来越来越严重，有时一天内竟然发生五六次。但故障在发动机冷车时较少发生，在发动机运行较长时间后容易发生，且熄火后要等一段时间才能重新启动。遇到启动困难的故障现象我们该如何解决呢？下面我们一起学习一下。

【教学计划】

（1）影响电控发动机启动的基本故障；

（2）了解故障诊断的基本原则、方法和注意事项；

（3）掌握电控发动机启动困难故障诊断方法。

【教学信息】

　　冷启动困难和热启动困难的影响因素和检查方法大体相同。就混合气浓度而言，有混合气过稀和混合气过浓两种情况。影响供油的故障可能出现在燃油质量、燃油泵、燃油滤清器、燃油压力调节器、冷启动系统、喷油器和水温传感器上；影响进气的故障多表现为空气滤清器堵塞、进气系统漏气和怠速控制故障。

一、燃油压力调节器故障

　　燃油系统的油压对混合气浓度有直接的影响，因此首先应检查燃油压力。方法是：先将燃油压力表接入燃油管路中，然后启动发动机，测量燃油压力。如果燃油压力过高，则应更换压力调节器；压力过低时，可夹住回油软管，若燃油压力上升到正常值说明燃油压力调节器损坏，否则可检查燃油泵和燃油滤清器。停机后检查燃油压力应保持在规定值5分钟，否则说明喷油器渗漏，导致混合气过浓后发动机启动困难。

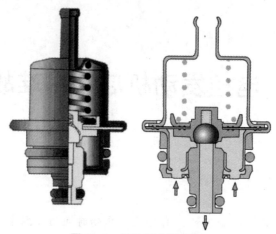

图 10-1　燃油压力调节器

二、燃油泵及燃油滤清器故障

启动困难时，一般燃油泵能正常工作，其问题多是油泵滤网堵塞致使油泵不能足量吸入燃油或燃油滤清器不畅通引起供油系统压力不足。

图 10-2　燃油泵

三、冷启动系统故障

在有些车型中设有冷启动喷油器，在冷启动时将混合气加浓以改善冷启动性能。冷启动喷油器由启动开关和热敏时控开关控制，喷油持续时间取决于热敏时控开关加热线圈电流和冷却水的温度。

冷启动系统故障多表现为：冷启动喷油器被胶质物堵塞，影响喷油雾化质量，导致冷启动困难；冷启动喷油器失效不能正常工作；热敏时控开关短路（触点常闭）或断路（常开），如果触点常闭，则热车时仍控制冷启动喷油器喷入过多燃油而导致热启动困难，如果时控开关短路，冷启动喷油器始终不能工作而导致冷启动困难。

四、喷油器故障

喷油器故障一般表现为：喷油器喷孔被胶质物体堵塞，积炭或密封不严造成滴漏，从而导致混合气浓度过小或过大。其检测方法是：首先，启动发动机，用听诊器在每个喷油器处检查运作声音，如听不到声音，应检查配线连接器、喷油器或来自 ECU 的喷射信号；其次，用万用表测量喷油器端子间的电阻，如电阻值与规定值不符，则更换喷油器；最后，检查喷油器的喷油量，其值应在正常范围内且各缸喷油量差值小于 5 厘米。

五、水温传感器故障

水温传感器是用来检测冷却水的温度，并将其转化为与温度有关的电压信号输入 ECU，作为 ECU 修正喷油量的依据。如果水温传感器失效或与 ECU 间配线断路、短路、表面水垢严重时，都会造成输出信号出现较大偏差，最终使喷油器不能适时增大或减少喷油量，导致启动困难。

图 10-3　水温传感器

六、怠速控制阀（ISC）故障

大多数电喷发动机都采用步进电机型怠速控制阀，ECU 根据发动机的工况，调节步进电机电磁线圈的通电顺序，使步进电机轴上的锥阀体旋入或旋出，调节旁通空气道的开度，实现旁通进气量的调节。如果发动机启动困难但稍踩油门却能启动，则说明怠速控制阀故障。拆解 ISC 阀会发现阀体锥面有较多积炭、胶质黏滞、油污堆积，结果减小了锥形阀的可调范围，致使冷车启动时，进气量减小、混合气过浓而出现启动困难。

【教学实施】

实施准备

（1）了解实训室相关规章制度；

（2）穿戴规定的工作服，保障自身人身安全；

（3）一汽丰田卡罗拉整车。

实施过程

电控发动机启动困难一般原因为：来油不畅（燃油泵滤网堵塞、汽油滤清器堵塞、燃油泵单向阀关闭不严等）；混合气过稀或过浓；进气及真空系统漏气；插接件、接线头松动或连接不实；燃油压力低或保持压力不正常；喷油器工作不良（积碳、胶质堵塞等）；气门关闭不严；机械故障，如正时带轮连接键磨损；点火线圈、火花塞工作不良或高压线有破损之处。

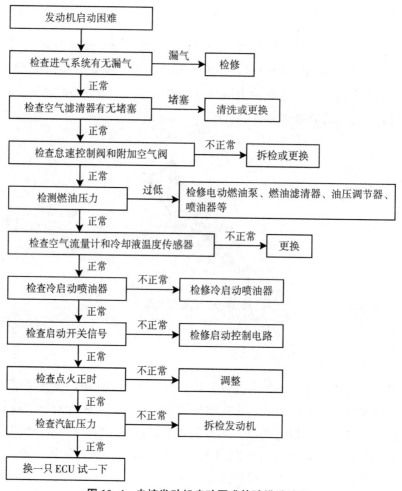

图10-4　电控发动机启动困难故障排除流程

一、燃油泵故障与分析

（1）用 VCX 检测仪，检查发动机电控部分是否存在故障码。

（2）对冷却液温度、进气温度等传感器信号进行动态检测。若（1）、（2）两项检查都正常则说明问题根源不在发动机电控系统。

（3）考虑到启动过程混合气的燃烧需要较高的点火能量，拆下火花塞进行检查。如果发现火花塞电极间隙都较大，更换全部火花塞后重新试车。

（4）若冷车时发动机较容易启动一些，而热车熄火后一段时间仍然处于启动困难状态。说明故障出现在燃油系统的可能性较大，必须对燃油压力进行检测。

（5）取出燃油压力表，连接到供油管路上，启动发动机。怠速时燃油压力为350千帕。属标准范围。当发动机熄火后，燃油系统压力很快便下降到一个低值，就说明不能保持压力，燃油管路中必定存在漏油的地方。

（6）仔细检查燃油管路及喷油器有无泄漏处。

（7）检查燃油泵单向阀。原来，燃油泵由于长时间使用没有得到及时清洗造成单向阀损坏，导致熄火后油管中的残余燃油返流，使系统压力降低，发动机得不到充足的启动油压。加之发动机舱内温度高，油管内汽油吸收周围热量，由液态变为气态，使燃油供给通道受阻。发动机因缺乏正常的燃油供应而不能正常启动，所以启动困难。随着发动机连续多次启动，油压逐步提高，当达到启动所需油压时，引擎才能着车运转。

二、油压调节器故障与分析

1. 油压调节器的介绍

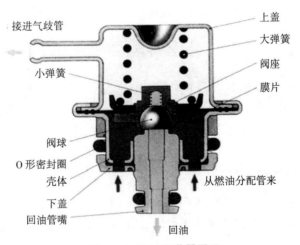

图 10-5　油压调节器原理

燃油压力调节器简称回油阀，它是燃油系统内部的燃油压力调节部分，受系统油压与进气支管压力（负压）的控制。它的作用是要自动保持整个油压系统的燃油压力为一定值，使供油总管内油压与进气支管压力之差为一定恒值（一般为250~300千帕）。只有保持一定的压力差，才能使喷油器喷油，而喷油量取决于喷油器的开启时间。因为发动机需求的燃油喷射量，是根据 ECU 给喷油器的通电时间的长短来控制的，如果不控制燃油压力，即使加给喷油器的通电时间相同，但燃油压力过高时，燃油的喷射量会增加，反之当燃油压力过低时，则会导致燃油喷射量减少，如果油压经常出现波动会引起引擎震动以及一系列随之而来的问题。所以当系统油压与进气支管压力差发生变化时，燃油压力调节器会因系统油压与进气支管压力差的变化作相应的变化，以便保持系统内的油压稳定。

2. 油压调节器的检查

图 10-6　油压调节器

（1）油压调节器工作状况的检查。

1）测量怠速时的油压：其值为 200~250 千帕。

2）拔下油压调节器真空软管时：燃油压力应提高 50 千帕。若不符合应更换油压调节器。

3）夹住油压调节器回油管时：燃油压力应上升 100 千帕。否则油泵、油压调节器故障。

（2）油压调节器保持压力的测量。当燃油系统保持压力大于 147 千帕时，应作此项检查。

1）让电动汽油泵运转 10 分钟。

2）用包上软布的钳子将油压调节器的回油管夹紧，使油压调节器不起作用。

3）5 分钟后观察燃油压力，该压力使油压调节器保持压力。若仍然低于燃油系统保持压力的标准（147 千帕），说明故障不在油压调节器；相反，则说明油压调节器有泄漏。

3. 汽车冷启动的影响因素分析

如果发动机出现启动困难的故障时，故障原因一般包括：

（1）启动系统故障，如蓄电池电能不足、启动机损坏或启动机电路存在故障；

图 10-7　蓄电池

（2）发动机机械故障，如进气管漏气，活塞与汽缸之间封闭不良，以及气门关闭不严导致汽缸压力低；

（3）进气门背部及进气管内积碳过多，导致喷入的汽油被积炭吸附而不能进入燃烧室；

（4）发动机管理系统故障，如转速传感器信号弱，水温信号不正确，以及线路接触不良；

（5）点火系统存在故障，如火花塞积碳过多或间隙不正确，高压线漏电，以及点火线圈损坏等；

（6）供油系统故障，如燃油系统保持压力不足，喷油器泄漏或堵塞等。

4. 对策

（1）检查蓄电池、启动机等启动系统；

（2）用汽缸压力表进行发动机密封检测；

（3）用工业内窥镜检查发动机汽缸上部是否有积碳；

（4）检查油泵是否正常工作；

（5）检查喷油器是否堵塞或密封不严；

（6）根据以上检查确定故障原因和部件，进行维修或更换配件。

图 10-8　工业内窥镜

三、丰田卡罗拉发动机启动困难故障检测的基本流程

1. 检查燃油压力

首先进行燃油压力系统泄压，然后用电压表测量蓄电池电压，接着从蓄电池负极端子上断开电缆，从主燃油管上断开燃油软管，安装压力表擦掉汽油，用智能检测仪检测燃油压力。检查燃油压力后，从蓄电池负极端子上断开电缆，小心地拆下燃油压力表，将燃油管重新连接到主燃油管上，检查是否漏油。

2. 检查电动燃油泵是否工作正常

用短接线连接诊断插端子+B 和 FP 然后接通点火开关（不启动），检查进油软管中有无压力。如果软管中有压力且可听到回油声，说明燃油泵本身没有问题；否则，应检查燃油泵，可用万用表测量端子 4 和 5 间的电阻，如与规定不符，则需更换燃油泵。如果燃油泵工作正常，则应检查其控制电路，主要包括保险丝、主继电器等。

3. 检查供油系统

图 10-9　万用表

（1）燃油系统中有空气，排除系统内的空气，检查系统有无漏气之处；

（2）燃油滤清器脏堵，燃油系统内有堵塞现象（输油泵进油接头滤网或滤清器）检查、清洁或更换滤清器，拆卸、清洗；

（3）输油泵不供油或断续供油，拆卸、清洗，检查、修理；

（4）喷油器喷雾不良，检查喷油器喷雾状况；

（5）喷油器开启压力过低，检查喷油器开启压力；

（6）供油提前角不对，需要对其进行重新调整；

（7）机油等级不对或黏度不对，更换机油；

（8）燃油不符合标准，检查并更换燃油。

4. 检查点火系统

检查火花塞，看型号是否正确，电极间隙是否在 0.7~0.9 间。同时观察燃烧状况，有助于判断化油器的调整。强烈建议选择优质进口的火花塞，热值要正确。高压线吊火试验，每个都要做，看看是高压线的问题还是点火线圈或者是火花塞的问题。另外，检查从点火器开始，各缸的高压线安装顺序是否正确，绝对不能弄混。一般来说，初级线圈的接线按照布线的走向连接，不要硬来。次级线圈的高压线一般两缸车哪边的线圈就管哪边的缸，直 4 的一般 1、4 一个线圈，2、3 另一个；V4 的则是 1、3 一组，2、4 一组。如果你看着感觉上线接得有点别扭，那就有可能接错了。

5. 检查传感器信号是否正常

发动机转速和曲轴位置传感器在发动机工作时检测其转速信号、提供曲轴位置信号，并作为控制系统进行各项控制的主要依据和基础。如果传感器或其线路出现故障，电控单元不能接收到速度信号和曲轴位置信号，就无法正确地控制燃油喷射和点火正时，就会出现喷油器不动作，火花塞不跳火的现象。用听诊器和正时灯进行检查，便可确认喷油器和火花塞是否工作。

解决方法：一般自诊断系统可显示出故障代码，应对转速传感器、1和2号凸轮轴位置传感器及其线路进行全面检查。首先断开各传感器的接线器，检查它们的电阻，如阻值不正常，则须更换；如正常，再检查ECU与各传感器的配线和接线器是否正常。

6. 检查启动机

（1）启动时只有轻微"嗒"的一声，再无任何反应，这是启动继电器发卡所致。这时只要按一下电磁铁尾部，迫使电磁铁前移，即可将启动电路接通，从而使发动机启动。

（2）启动开关转到启动位置发动机不能启动，也无其他现象。这种故障，一是钥匙、开关因磨损而未接通启动电路；二是启动机继电器未接通启动机电磁开关电路；三是电源开关未接通主电路。

（3）电源总开关一接通，启动机驱动齿轮就和飞轮齿圈啮合在一起转动。出现这种故障，一是启动机电磁开关的保持线圈错接在了电源接线柱上；二是钥匙开关上的3根线接错，判断方法是：钥匙在"0"位置时启动机驱动齿轮不转，在"2"位置时启动电机驱动齿轮与飞轮齿圈啮合一起转动。

（4）若启动时启动机驱动齿轮与发动机飞轮齿圈发出撞击的空转声，其原因有二：一是飞轮齿圈的啮合切入面变形；二是启动机驱动齿轮与飞轮齿圈的间隙太大。两者无法啮合，发动机也就不能启动。

（5）启动时启动机突然转动无力，并伴有烧橡胶气味或蓄电池处有烟冒出，多属极桩、极桩夹子接触不良而发热烧损。

（6）临时停车每次都能启动，但停车时间较长或第二天启动时却只能使曲轴转一下。此现象属于蓄电池自放电严重，其极板、隔板严重老化，说明该蓄电池已经接近报废。

（7）启动时只听到启动机电磁开关"咯咯"响，或首次启动时启动机带动曲轴缓转几下，继而出现启动电磁开关"咯咯"响，但曲轴却不转动。此现象一般属于蓄电池"断格"故障。

7. 检查配气系统

检查气门间隙，如果不对的话需要调整。检查配气正时，有的时候配气凸轮轴安装时错了一个齿不会影响曲轴的运转，但会造成配气相位的很大变化，而配气相位对4T发动机的性能起到至关重要的作用。某些4T发动机的改装就可以从这里入手。测量压缩比，没缸压表的话用薄纸片盖住火花塞孔，如果启动时纸片吸得较猛烈，就算可以。还可以自制气嘴装在火花塞孔上，用打气筒检查漏气情况。

8. 检查机械故障

（1）汽缸缸垫烧蚀、窜气，注意冷却液耗量，观察缸垫是否漏气，冷却系统内是否有过多气体，处理或更换之；

图 10-10　汽缸垫

（2）活塞环磨损后窜气严重，更换活塞环；

（3）活塞环结胶，清除结胶；

（4）气门密封不严，检查气门弹簧、气门间隙、气门密封锥面密封；

（5）压缩终了温度低。

9. 检查其他原因

（1）气门间隙不对；

（2）离合器没脱开；

（3）温度低于极限；

（4）驻车制动阀处于制动位置；

（5）变速操纵杆没挂空挡；

（6）冷却风扇不工作/皮带断或卡死。

【教学检查】

表 10-1　电控发动机启动困难检修工单

车型		组别	
一、准备工作			
①工量具及仪器的准备			
②被测车辆准备			
二、操作过程			
故障现象	记录：		
操作过程	记录： ①发动机是否有故障码： （无故障写"无"） ②检查的部件有：		

续表

实训项目	丰田卡罗拉发动机启动困难故障检测的基本流程：
检测结果	

三、实训结论：

【教学评估】

表 10-2　评估

序号	学习内容	自我评价			
		了解	掌握	可指导操作	可独立操作
1	工具及仪器设备的准备				
2	电控发动机启动困难诊断				
3	电控发动机启动困难故障排除				
4	丰田卡罗拉发动机启动困难故障检测				

 课后小结

　　根据前面的学习，我们学习到电控发动机启动困难一般原因：来油不畅（燃油泵滤网堵塞、汽油滤清器堵塞、燃油泵单向阀关闭不严等）；混合气过稀或过浓；进气及真空系统漏气；插接件、接线头松动或连接不实；燃油压力低或保持压力不正常；喷油器工作不良（积炭、胶质堵塞等）；气门关闭不严；机械故障，如正时带轮连接键磨损；点火线圈、火花塞工作不良或高压线有破损之处。

情境十一　电控发动机怠速不良故障诊断

【教学计划】

（1）影响电控发动机怠速的基本故障；

（2）了解故障诊断的基本原则、方法和注意事项；

（3）掌握电控发动机怠速不良故障诊断方法。

【教学信息】

　　怠速不良的概率是汽缸内的气体作用力的变化不正常，或者是几个汽缸气体作用力变化不正常，引起各汽缸功率不平衡，我们可以让汽缸对各活塞的作用分成垂直力和水平力，由于作用力大小在改变，平行的分力也在改变，每个汽缸做功的时候，如果平行的分力不一样，势必给发动机钢铁一个横向摇倒的力矩。我们观察的时候在转速上体现不稳，发动机本身体现的是抖动或者叫震动。

　　下面我们还可以按照故障出现的系统分类：

　　第一类是出现在进气系统，是由进气系统不正常造成的怠速不良。

　　第二类就是燃油系统出现故障。

　　第三类可能性是点火系统。

　　以上统称为发动机的电控系统，电控系统包括这三部分；其次是发动机的机械故障，就是说传统上的故障。但是，现在又加了一些新的部件，比如说可变进气相位，液压挺杆的大量安装，增加了一些新的问题。下面我们分析一下怠速不良的原因。

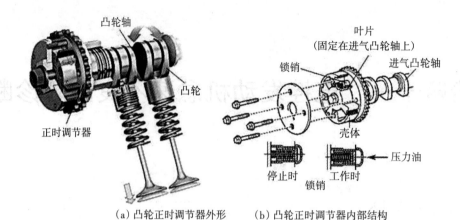

（a）凸轮正时调节器外形　　（b）凸轮正时调节器内部结构

图 11-1　丰田 VVT-i

图 11-2　液压挺杆

一、进气系统

1. 进气管以及各种阀门的泄漏

空气或者是从进气管进入，汽油蒸气是从碳罐阀进入，还有废气进入到进气管，会造成混合气过浓、过稀，使发动机燃烧不正常。

具体的原因：

第一是进气管卡子松动或者是进气总管常用的是胶管，胶管的破裂；

第二是进气管衬垫漏气；

第三是真空管插头拖拉或者是破裂。还有就是 PCV 阀故障，也使混合气不正常，还有就是活性炭罐阀故障、EGR 阀的故障，都会影响混合气的比例。

图 11-3　活性炭罐阀

2. 节气门和进气道积垢过多

我们知道汽车厂家近 10 年把以前的怠速电子阀改为节气门控制，最近三四年改为电子节气门，怠速的调整完全靠节气门的开动来控制，如果节气门的本身的积垢过多，有油污等，或者周期的积炭或者污垢过多，这样就会使截面不好控制。都会造成混合气不好控制，或者学习值一旦调整到最大期限，上限期就没有了，这样会造成怠速不良。常见的就是控制进气的节气门的脏污。

图 11-4　节气门积炭

3. 怠速空气执行元件故障

怠速空气执行元件故障导致怠速空气控制不准确。常见的原因有：节气门电机损坏或发卡；怠速步进电机、占空比电磁阀、旋转电磁阀损坏或发卡。

4. 怠速进气量的失准

怠速进气量的失准属于间接原因，由于各种传感器，比如说氧传感器、霍尔信号传感器，由于它们有故障，信号不正常，控制来源接触到错误的信号以后发出的指令不正常，会错误地干预节气门的开度，使怠速失准，燃烧不正常。常见的传感器，各种车型的传感器都是基本的传感器，有节气门位置传感器、节气门怠速开关、怠速程序。如果开关不闭合，正常的怠速就不会进入正常的怠速程序。其次还有进气温度传感器、冷却温度传感器，这些数值不稳定也会影响进气量。因为怠速控制阀由这个控制，如果这些失准不能按照正常的参数来运转。以上这些传感器线路有故障，或者发生短路、断路等，这些都是属于间接性故障。发动机电脑出现故障以后，也会出现怠速不稳。

二、燃油系统

1. 喷油器故障

喷油器，包括喷油器的堵塞、滴漏，这样会使实际喷油量减少。还有喷出的燃油呈线状，使其雾化不好，减少喷油量。还有就是喷油器针阀的磨损，使实际的喷油量过大，电脑不能完全进行修正，使正确的空燃比得不到控制。这样使活塞对汽缸的横向的分力大小不一，由于横向分力大小不一，使汽缸发生摇摆的趋势。

2. 燃油系统的问题

燃油压力过低就会使实际的喷油量减小，也使雾化不良，严重的时候过低就会造成喷不出油。如果燃油压力过高，使实际的喷油量过多，使混合气过浓，这样使电脑控制不住，已经到了它的极限。所以，从排气中也能够体现。一个是燃油滤清器堵塞，另一个是燃油滤网堵塞，还有在一些城市，由于有灰尘会堵住滤网，有时候从油箱打开滤网会看得很清楚。

图 11-5　工程塑料油箱

3. 燃油泵泵油能力不足

安全阀由于弹簧的弹力过小，使汽油及早地释放。以前的油泵大多数安装在油箱之外，现在的油泵安装在油箱之内，这个油泵返回在油箱。还有就是进油管变形，燃油压力调节器有故障，以及会有管压瘪导致堵塞的情况，使燃油压力超过正常值。燃油系统失准的原因是属于间接原因，是由于各传感器，以及线路、信号的不正确导致控制单元错误地发出指令，使得空燃比不正常。具体的原因有空气流量计或者是进气管压力传感器，节气门位置传感器故障、节气门怠速开关故障，冷却液温度传感器故障、进气温度传感器故障，氧传感器失效，还有发动机控制单元因进水引起插头接触不良或者内部电路损坏等。电脑的这个问题，不是说坏了就可以重新安装一下，汽车电脑的程序不会轻易改变，程序错乱的主要原因是电脑的接头进水或者是进水以后锈湿后接触不良，信号不准，输出输入信号不准，所以发生对燃油量造成的不准确。

三、点火系统

目前的汽车几乎都将点火模块与点火线圈做成一体，或者是采用双点火线圈或者直接点火。

1. 点火模块与点火线圈

首先看点火模块，如果它的故障会使电火花过弱或者是不点火，对于这个测量，只能说测量一下次级电压的车型，初级的在电压里看不到，但是可以测点火的触发信号。点火线圈和点火模块的原因，可能是电脑发出的点火信号的缺失，也可能是点火模块的供电线路等出现问题。实际修理当中，这种情况时有发生。新车发生的概率比较高，修新车的时候，首先我们要保证它供电的电源，正极、负极让它可靠运行。其次就是初级线圈和次级线圈有问题，次级线圈我们可以测量，初级线圈在整个模块里，我们没有办法测量它的电阻。

2. 火花塞和高压线

火花塞不正确，间隙不正确，或者是电极绕蚀或者损坏，以及电极有积炭，高压线电阻过大，以及高压线外皮漏电。因为现在高压线有三四万伏，使用几万公里以后可能会有击穿的可能。

3. 点火提前角的失准

点火提前角的失准，这是一个间接问题。火花塞和点火线圈并不是这些东西的故障，是由于传感器，比如说空气流量传感器，或者是压力传感器、霍尔传感器等，由于它们的信号不正确，或者是爆震传感器不正确发生问题。当然，这些原因发生问题的时候不多，但是，如果不整顿，也会使点火角有变化造成燃烧不正常，以及这些元件的断路、短路、接地故障。

4. 其他原因

现在汽车都有三元催化器，它的堵塞也会引起怠速不稳。当然，这个诊断更容易一些，因为堵塞以后首先影响了它的高速，随着堵塞的严重，最高车速会下降，可能从100千米、80千米、60千米，越来越严重，有的五六十千米就上不去了。还有就是自动变速器、空调、转向出现故障也会增加怠速不稳。现在有总线的车，这些信号由两条总线来负担，如果总线系统出现故障，也会出现怠速不稳。随着汽车结构的不断提高，新技术的增加，引起怠速不稳的原因越来越多，作为诊断者考虑得越来越全面。

图 11-6　三元催化器

四、机械结构

1. 配气机构

配气机构故障导致个别汽缸的功率下降过多，从而使功率不平衡。

原因：

第一是正时皮带安装位置错误，使各缸气门的开闭时间发生变化，导致配气相位失准，这个比较容易发现。

第二是气门工作面与气门座圈积炭过多，造成气门密封不严。

第三是凸轮轴的凸轮磨损。凸轮轴的磨损不一致，也许某一时间润滑不好，有所磨损，但是不仔细测量也是看不到的。

第四是气门的其他有关元件，比如说气门的推杆磨损、摇臂的磨损，还有气门的卡住或者是气门弹簧的折断，都会造成各个汽缸的进气量不均匀。用汽缸压力表检查发现不是很灵敏，因为我们使用汽缸压力表，空气一下进入表面，按照启动机三五秒以后，压缩压力不多，不太容易发现这个问题。我们在问题诊断的时候，在器械方面还是要考虑这些问题的。

2. 发动机和活塞连杆机构

发动机和活塞连杆机构，它有故障也会使压缩压力不一致。

第一是单个汽缸垫的漏气，还有就是两个缸气之间的漏气。

第二是活塞环间隙过大或者对口断裂，活塞环失去弹性。

第三是活塞环槽内积炭过多，活塞与汽缸磨损，汽缸圆度、圆柱度超差。

3. 其他原因

曲轴、飞轮、曲轴皮带轮等转动部件动平衡不合格，发动机支脚垫断裂损坏，发动机底护板因变形与油底壳相撞击等，这些原因只会造成发动机震动而不影响转速。

五、电控系统

（1）各个传感器的故障，汽车上的传感器监测发动机的各个参数，反馈给电脑，如果其中有传感器的损坏将影响电脑给执行器的参数。

（2）电脑与各传感器之间的线路的好坏，其中有短路、断路、搭铁。

 【教学实施】

实施准备

（1）了解实训室相关规章制度；

（2）穿戴规定的工作服，保障自身人身安全；

（3）一汽丰田卡罗拉整车。

实施过程

怠速不良的故障排除步骤：

进气系统、燃油系统、点火系统、发动机机械故障均会导致发动机怠速不稳现象，因此诊断产生发动机怠速不稳现象的原因是一项涉及面较广、难度较大的工作，轻易换件的方法是不可取的。怠速不稳故障的原因有百般变化，应根据检测结果、理论分析、维修经验做出正确判断，所以说诊断工作是有规律可循的。

发生怠速不良的主要原因有：节气门装置调整不当；怠速阀调节不当，怠速调节阀有故障，如被污物、积炭黏结；常规点火电路有故障，如火花塞损坏，烧蚀开裂；

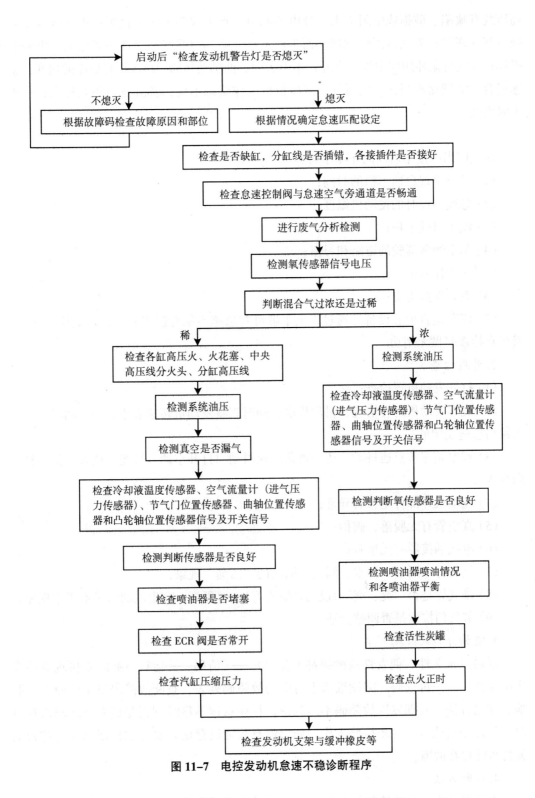

图 11-7 电控发动机怠速不稳诊断程序

高压线有缺陷、破损或电阻太大、分电器漏电、点火线圈工作不良等；进气及真空系统有漏气现象；喷油器因脏物堵塞而工作不良，喷油器漏气；活性炭罐堵塞，电磁阀损坏；废气再循环阀因卡住而常开，不能关闭；曲轴通风阀（PCV）有故障或堵塞；怠速混合气空燃比不当；气门漏气，液压挺柱工作状态不良；各缸压力相差过大；点火正时失准。

1. 询问

在工作当中接车后应向车主了解：

（1）最早出现怠速不稳的时间；

（2）怠速不稳时的发动机温度；

（3）该车行驶里程；

（4）车主经常驾驶的道路和习惯；

（5）该车保养情况；

（6）该车维修历史；

（7）该车是否加装设备。通过以上了解可对怠速不稳有初步判断，缩短检查时间，避免在检修时做无用功。

2. 外观检查

（1）打开发动机罩检查；

（2）观察发动机运转情况，抖动程度，同时观察发动机转速表指针的摆动幅度，是否偏离怠速期望值；

（3）观察是正常怠速抖动，还是负荷怠速抖动（打开空调、灯光、挂入挡位、打方向盘等）；

（4）发动机外部件是否有异常；

（5）真空管有无脱落、破损；

（6）电线插接器有无松脱；

（7）是否存在漏油、漏水、漏气、漏电的"四漏"现象；

（8）排气管是否"突、突"（说明燃烧不好）、冒黑烟、有生汽油味等不正常现象；

（9）节气门拉索是否调整合适。

3. 查询分析故障码

读码（永久性、偶发性故障码都要记录）——清码——运行（此时要再现故障发生的条件）——再读码。阅读维修手册中的故障码列表，查阅故障码发生的原因、影响、排除方法。对偶发性故障码不能忽视，往往怠速不稳时刻正是偶发故障码出现之时。经过分析确定下一步检修工作。如果没有故障码存储，要考虑控制单元不监视的元件可能存在故障。

4. 诊断方法

电控发动机的怠速控制与电脑 ECU 接受来自发动机冷却液温度、负载、节气门位置等的电信号来决定怠速状态。电脑 ECU 根据上述传感器的信号经运算后，指挥怠速调整装置进行自动调节。当怠速转速低于设定值时，电脑 ECU 会指令怠速调节装置打开空气旁通道，使进气量增加，从而提高怠速值。当怠速转速高于设定值时，电脑 ECU 则控制怠速调节装置关小空气旁通道，使进气量减少而降低转速。因此电控发动机怠速过高或过低故障的排除应从以下几方面入手。

(1) 发动机检查。启动发动机，使发动机冷却液温度达到正常温度，关掉所有附加电气装置，将变速杆置于空挡位置，然后从发动机仪表板上查看怠速情况，是否在正常的转速范围内，如不在规定范围，就应进行以下检查。

1) 检查进气歧管处是否有紧固螺栓松动或胶管垫破裂现象；

2) 检查节气门位置传感器的输出电压值，可用万用表测量；正常电压值一般为 0.4~0.5 伏，如不符合要求，可通过清洁节气门体，并调节其开度，使输出电压恢复正常值；

3) 检查怠速步进电动机工作情况，若怠速过低而其他部位均正常时，可通过清洁怠速步进电动机和空气孔上的结胶和积炭来排除；

4) 检查空气流量计信号；

5) 检查怠速控制阀的工作情况；

6) 检查其他信号元件，冷却液温度传感器和氧传感器。

(2) 快速诊断怠速自动控制系统故障。怠速不稳、怠速过高或过低，其原因多是电控线路或怠速控制阀有问题。一般情况下，可通过以下方法能很快找到故障部位。

1) 在冷车状态下启动发动机，快怠速系统能使发动机以比较高的转速运转（1500 转/分），在发动机达到正常的工作温度后，怠速转速能恢复正常，750 转/分左右。如果冷车启动后，怠速不能按照上述规律变化，说明怠速控制系统有故障。

2) 发动机达到正常工作温度后，打开空调开关，发动机怠速应能上升到 900 转/分左右，若打开空调开关后，发动机转速下降，说明怠速控制系统有故障。

3) 在发动机怠速运转中，对怠速调整螺钉作少量调整，发动机怠速转速应不会发生变化，若在调整中怠速转速有变化，说明控制系统不工作。

4) 拆下怠速控制阀线束插头，用电压表测量。如发动机在运转中，怠速控制线束插头有脉冲电压输出，说明怠速控制系统不工作。若无脉冲电压输出，打开空调开关再测试，若仍无脉冲电压输出，则说明怠速控制系统不工作。

(3) 阅读分析数据块。数据块可以提供发动机运转中的实时数据，能否正确分析数据块代表诊断者的技术水平，对那些不正确的数据要分析其原因。对于怠速不稳，要读发动机转速、节气门开度、发动机工况、怠速空气流量学习值、怠速空气调节值、怠速 λ 学习值、怠速 λ 调节、吸入空气量、点火提前角、λ 传感器信号电压、冷却液温度、进气温度等数据。数据实时值、学习值和调整值以实际值或百分率表示，工况以文字表示。

（4）检测根据故障现象、故障码内容、数据块数值确定检测内容。根据检测对象选择万用表、二极管测试笔、尾气检测仪、燃油压力表、真空表、汽缸压力表、示波器、模拟信号发生器、喷油器检测清洗仪等，选择哪一种仪器应视具体情况来定，出发点是能迅速、准确判断故障。尾气检测和波形分析很重要，也可以用断缸法迅速找到输出功率小的汽缸，使用真空表可以分析影响真空度的具体原因。检测的原则是从电到机、从简到繁。可以按电控系统、点火系统、进气系统、燃油系统、发动机机械部分的顺序进行。

（5）故障排除。诊断者根据上述检查结果和维修手册中的故障排除指南，制定适合本车的排除方法。排除方法一般有：清洗节气门与进气道、清洗检查喷油嘴、更换电气元件、检查线束的故障点、清洁接地点、修理发动机机械结构等工作。

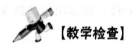

【教学检查】

表 11–1　电控发动机怠速不良检修工单

车型		组别	
一、准备工作			
①工量具及仪器的准备			
②被测车辆准备			
二、操作过程			
故障现象	记录：		
操作过程	记录： ①发动机是否有故障码： （无故障写"无"） ②检查的部件有：		
检测结果			
三、实训结论：			

【教学评估】

表 11-2 评估

序号	学习内容	自我评价			
		了解	掌握	可指导操作	可独立操作
1	工具及仪器设备的准备				
2	电控发动机怠速不良诊断				
3	电控发动机怠速不良问题分析				
4	电控发动机怠速不良故障排除				

课后小结

根据前面的学习，我们学习到怠速不良的概率是汽缸内的气体作用力的变化不正常，或者是几个汽缸气体作用力变化不正常，引起各汽缸功率不平衡。发生怠速不良的主要原因有：节气门装置调整不当；怠速阀调节不当，怠速调节阀有故障，如被污物、积炭黏结；常规点火电路有故障，如火花塞损坏，烧蚀开裂；高压线有缺陷、破损或电阻太大、分电器漏电、点火线圈工作不良等。

情境十二　电控发动机动力不足故障诊断

📖 情境引入

　　一辆卡罗拉轿车，在小区上坡时车主将挡位调至"S"挡并踩动油门，但轿车仍然动力不足。在驾驶轿车去维修店的路上，车主踩动油门但车速提升缓慢。维修店对轿车进行故障排查，发现进气不足排气堵塞，弹簧过软气门浮的现象，那么店员该如何进行故障排除呢？下面我们一起来学习吧。

【教学计划】

（1）影响电控发动机动力的基本故障；

（2）了解故障诊断的基本原则、方法和注意事项；

（3）掌握电控发动机动力不足故障诊断方法。

【教学信息】

一、故障现象

发动机无负荷运转时基本正常，但带负荷运转时加速缓慢，上坡无力，油门踩到底时仍感到动力不足，转速提不高，达不到最高车速。

二、故障原因

（1）节气门调整不当，不能全开；

（2）空气滤清器堵塞；

（3）燃油压力过低；

（4）汽缸缺火；

（5）点火正时不当或高压火花弱；

（6）空气流量计或进气歧管真空度传感器、水温传感器、节气门位置传感器故障；

（7）喷油器堵塞或雾化不良；

（8）废气再循环装置工作不良；

图 12-1　空气流量计

图 12-2　喷油器

图 12-3　废气再循环系统

（9）汽缸压缩压力过低或配气正时失准；

（10）排气受阻，在发动机加载时，进气歧管真空度明显偏低。

【教学实施】

实施准备

（1）了解实训室相关规章制度；

（2）穿戴规定的工作服，保障自身人身安全；

（3）一汽丰田卡罗拉整车。

实施过程

一、故障诊断与排除的一般步骤

（1）进行故障自诊断，检查有无故障代码出现。有条件的话，需用专用诊断仪读取动态数据流，或用万用表检查数据。影响动力性的传感器和执行器有：水温传感器、空气流量计或进气歧管绝对压力传感器、节气门位置传感器、点火器、喷油器等。按所显示的故障代码或数据流分析故障，查找故障原因。

图 12-4　丰田检测仪器

（2）将加速踏板踩到底，检查节气门能否全开。如不能全开，应调整节气门拉索或检查电子节气门系统。

图 12-5　节气门拉索

（3）检查空气滤清器有无堵塞。如有堵塞，应清洁或更换。

（4）用点火正时灯检查点火正时。在热车后的怠速运转中检查点火提前角，应为10°~15°或符合原厂规定，加速时的点火提前角应能自动提前至20°~30°。如怠速时点火提前角不正确，应调整初始点火提前角；如果加速时点火提前角不正常，应检查点火提前控制线路及曲轴位置传感器、点火器等。

（5）检查有无明显缺缸。可作单缸断火、断油试验。

（6）检查所有火花塞、高压线、点火线圈。如有异常，应更换。可用点火示波器观察点火波形后确认。

（7）检查燃油压力。如压力过低，应进一步检查电动汽油泵、油压调节器、汽油滤清器等。

图 12-6 电动汽油泵

（8）拆卸喷油器，检查喷油量是否正常。如喷油量不正常或喷油雾化不良，应清洗或更换喷油器。

（9）检测空气流量计、节气门位置传感器、曲轴、凸轮轴位置传感器、水温传感器、氧传感器、爆震传感器信号。

图 12-7 节气门位置传感器

图 12-8 凸轮轴位置传感器

（10）检查废气再循环装置工作是否正常。

（11）检查配气相位、气门间隙是否正确。

（12）检查进气增压装置、可变配气正时及气门升程装置的工作情况。

（13）检查排气是否不畅通、三元催化转化器是否堵塞。用真空表与排气背压表检

图 12-9 气门间隙

查，或拆检。

（14）测量汽缸压缩压力、检查气门积炭、拆检发动机等。如汽缸压力过低、气门弹簧过软、配气凸轮磨损等都可导致动力下降。

图 12-10 凸轮轴

二、发动机动力不足诊断口诀

动力不足原因多，基本检查不多说。

缺缸故障找一找，高压火弱迟或早。

混合气稀油压低，油泵油嘴滤清器。

进气压力流量计，各种重要传感器。

废气涡轮不增压，可变配气工作差。

进气不足排气堵，油门不能全开足。

弹簧过软气门浮，高速运转力不足。

气门积炭缸压低，拆开检查有道理。

三、动力不足诊断流程

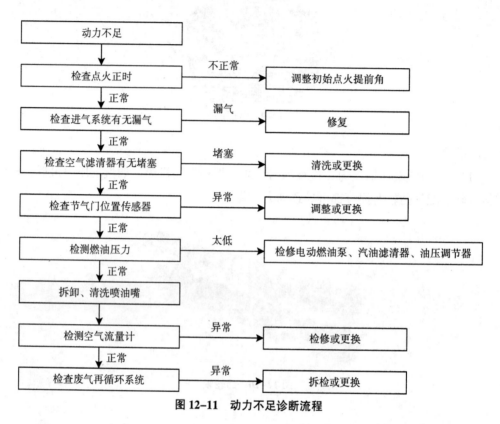

图 12-11　动力不足诊断流程

【教学检查】

表 12-1　电控发动机动力不足检修工单

车型		组别	
一、准备工作			
①工量具及仪器的准备			
②被测车辆准备			
二、操作过程			
故障现象	记录：		

续表

操作过程	记录： ①发动机是否有故障码： （无故障写"无"） ②检查的部件有：
诊断与排除	故障诊断与排除的步骤：
检测结果	

三、实训结论：

【教学评估】

表 12-2　评估

序号	学习内容	自我评价			
		了解	掌握	可指导操作	可独立操作
1	工具及仪器设备的准备				
2	电控发动机动力不足诊断				
3	电控发动机动力不足分析				
4	电控发动机动力不足故障排除				

课后小结

根据前面的学习，我们学习到电控发动机动力不足的原因有：节气门调整不当，不能全开；空气滤清器堵塞；燃油压力过低；汽缸缺火；点火正时不当或高压火花弱；空气流量计或进气歧管真空度传感器、水温传感器、节气门位置传感器故障；喷油器堵塞或雾化不良；废气再循环装置工作不良；汽缸压缩压力过低或配气正时失准；排气受阻，在发动机加载时，进气歧管真空度明显偏低等原因。

情境十三　电控发动机深化保养流程

 情境引入

　　一辆丰田卡罗拉轿车，行驶里程约4.8万千米。用户反映该车机油压力报警。维修人员在发动机怠速运转时，测量润滑系统油压，发现该车的油压明显偏低。后来询问车主得知长期没有更换机油滤清器，更换机油滤清器后，再次测量油压，这一次油压恢复正常。试车确定故障排除。我们要如何给发动机定期做深化保养才能避免发生不必要的故障呢？

 **【教学计划】**

　　（1）了解电控发动机保养流程；

　　（2）了解电控发动机保养要求；

　　（3）掌握电控发动机深化保养流程。

【教学信息】

一、概念

　　发动机深化保养包括节气门与喷油器的清洗，进气管道的清洗，正时皮带的检查与更换，配气相位的检查，增压器叶轮间隙的检查，发电机发电量的检测，启动机的性能检查，发动机整体线束的走向插接件完好性的检查，点火系统的检查及火花塞的更换，机油及三滤的更换，发动机各处密封件的检查及紧固，发动机前段轮系的各个皮带轮及各个泵件轴承的检查及更换，以及进排气管件的密封效果检查及更换。

二、深化保养常见项目

1. 保养"三滤"

　　"三滤"指的是：汽油滤清器、空气滤清器及机油滤清器。"三滤"在汽车发动机上起着对机油、汽油和空气的过滤作用，从而对发动机起到保护作用，也起到了提高发动机的工作效率的作用。发动机保养中"三滤"的保养，至关重要。

图 13-1　"三滤"的更换

2. 定期清洗汽车曲轴箱

当发动机在运转过程中，燃烧室内的高压未燃烧气体、硫、水分、氮和酸的氧化物经过活塞环与缸壁之间的间隙进入曲轴箱中，与零件长期磨损，产生金属粉末混在一起，形成油泥。因此，定期清洗曲轴箱、保持发动机内部的清洁是很有必要的。

图 13-2　曲轴箱

3. 定期更换机油

不管是质量等级高或低的润滑油在使用过程中油质都会发生变化的，因此为了避免故障的发生，应根据使用条件定期换油和使油量适中。所以，保养发动机，一定要用好机油。

4. 定期清洗汽车燃油系统

保养发动机，一定要给燃油系统做好保养。定期给汽车燃油系统做清理，可以控制积炭的生成，从而使发动机保持在最佳状态。

5. 定期清洗汽车水箱

汽车发动机水箱生锈、结垢是很常见的问题。水垢和锈迹会阻碍冷却液在冷却系统中的流动，降低散热作用，从而导致发动机过热，甚至造成发动机损坏。因此，定期清洗水箱是很重要的。

【教学实施】

实施准备

(1) 了解实训室相关规章制度；

(2) 穿戴规定的工作服，保障自身人身安全；

(3) 一汽丰田卡罗拉整车或发动机台架。

实施过程

一、润滑系统深化保养流程

表 13–1　保养流程

第一步　事前准备
①车辆停靠
提示：
车辆停靠于举升机中间位置；车辆与左右立柱距离相近；举升机立柱与车辆中间位置平齐
②车辆举升：四个立柱分别支撑牢固
提示：
四个立柱分别支撑在车身边侧支撑点；支撑点是托点中间位置；试举升后确认支撑牢靠，否则重新支撑，直到安全
③打开发动机罩
提示：
有的车非液压挺杆，需要找准支撑位置并支撑牢靠
第二步　添加润滑系统清洗剂
①拆下发动机护罩
提示：
发动机保护罩螺栓是压扣，注意拆开时用力勿过大
②旋下机油加注口盖，检查机油液面
提示：
检查机油油尺：如果右面过高，放掉或抽掉部分机油；如果右面过低，补充少许机油
③打开产品瓶盖，倒转瓶盖与瓶口，旋开铝箔
提示：
瓶盖顶部有针形突出，用来穿刺铝箔
④加入发动机内部清洗剂
提示：
注意确保加注过程中没有异物进入发动机
第三步　清洗发动机
着车后保持怠速清洗 5~10 分钟
提示：
烧机油车辆，清洗时间应缩短；车辆超过 15000 千米从未清洗过，清洗后拆油底壳
第四步　更换机油和机油滤芯
①拆卸油底壳螺栓，排出旧机油
提示：
旧机油烫手，小心烫伤
②使用接油机接收旧机油
提示：
直到旧机油滴落

续表

③拆下旧机油滤清器，换上新机油滤清器
提示：
换上新机油滤清器前用机油润滑新滤芯密封圈

④加入符合厂家质量要求的发动机新机油 3 升左右
提示：
确保加注过程中没有异物进入发动机

⑤加注发动机内部保护剂
提示：
按发动机排量不同加注不同的产品量

⑥通过机油尺检查机油液面，确保机油添加量符合车场要求
提示：
液面应该在 H 与 L 之前或 ADD 与 FULL 之间，如果不足应补加

⑦启动发动机检查，如果渗漏，需检修
提示：
油底壳螺栓和滤芯紧固不到位，造成渗漏会产生大的事故

⑧发动机熄火，装复发动机保护罩
提示：
保护罩安装到位

第五步　清洁整理工位

1 号、2 号共同清理、整理工具等；清扫地面卫生
提示：
作业项目完成后，要搞好工位的清扫、整理工作，培养良好的工作习惯

特别注释 1—磨合期发动机

发动机磨合时。添加磨合保护剂，不适用发动机全效保护剂
提示：
只适合磨合期使用

特别注释 2—烧机油发动机

添加发动机修复保护剂，不使用发动机增效保护剂
提示：针对：行驶里程超过 6 万千米以上的发动机；发动机出现油封老化烧机油时

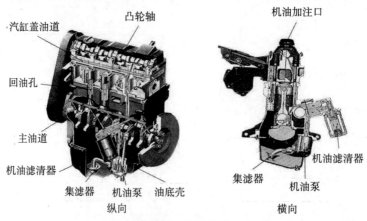

图 13-3　润滑系统

二、冷却系统深化保养流程

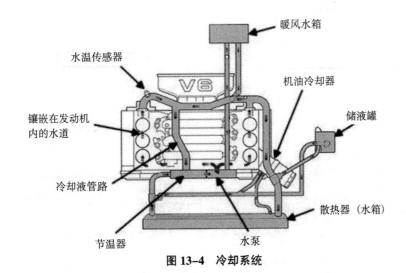

图 13-4　冷却系统

表 13-2　冷却系统保养流程

第一步　清洗冷却系统
①车辆平稳规范地停靠在举升机指定位置
②检查冷却液温度表是否正常，发动机熄火，关闭所有用电设备 提示： 有的车辆没有散热器盖，保养时略有不同
③检查冷却系统是否有渗漏，如果有，先修复再保养 提示： 有的车辆没有散热器盖，保养时略有不同
④将抽排工具与压缩空气快速接头连接好，并确保连接牢靠 提示： 推荐采用带油水分离器的气源
⑤抽排工具旋钮旋到与管路相同方向，调压阀处于完全打开状态，逆时针旋到底 提示： 当抽排工具放气旋钮与管路呈同垂直方向时，是将工具罐中的液体排出罐体
⑥从副散热器处抽取冷却液，然后再从散热器盖旁的主散热器处抽液，卸压 提示： 没有散热器盖的发动机，一直从副散热器处抽液
⑦旋下散热器盖
⑧将清洗剂产品经散热器盖加入冷却系统 提示： 没有散热器盖的车辆，建议从水管加入，不建议从副散热器加入
⑨使用配套的截留钳夹住上散热器 提示： 夹住为了避免拆卸时流水过多；对于节温器与下散热器相接的发动机，应该换成下散热器
⑩使用一字螺丝刀拆卸上散热器 提示： 拆卸前在水管下垫一块布，保持环境清洁

⑪把设备配套的公接头与拆下的上散热器连接牢靠

提示：

接头是串联接入，要分析流向

⑫设备配套的母接头与胶管一起与散热器端口连接好

提示：

设备配套不同规格的胶套与不同车型发动机匹配

⑬把已连接好的配套接头通过快速接头组连接，检查确认连接牢靠，无渗漏

第二步　清洗冷却系统

启动发动机，热车。直到冷却液温度正常，节温器打开，进入大循环并确保清洗 20~30 分钟

提示：

清洗时间以大循环打开为计时起点

为确保清洗时间，建议提前加注燃油

第三步　免拆更换冷却液

①设备准备：检查确保无故障。开关置于关闭状态

②设备电源线与汽车蓄电池连接，设备红色电源线接蓄电池正极，黑色电源线接蓄电池负极

提示：

如果车辆蓄电池负极不外露，设备黑色电源线直接搭铁（牢靠地连接到稳定的金属部件上）

③将车厂指定的配套专用冷却液加入设备中

提示：

必须加注超过车型规定容量 1 升以上的冷却液

④拆开发动机上散热器连接的快速接头

提示：

冷却液温度高，小心烫手

⑤设备配套的母接头长管与车上的公接头长管接好，保证上散热器出来的液体直接排掉

提示：

连接时戴手套：快速接头都是金属，温度较高，烫手

⑥设备侧面的出液长管与车上母接头连接

提示：

连接时戴手套：快速接头都是金属，温度较高，烫手

⑦设备开关旋到换液位置

⑧新液加注结束时设备蜂鸣器响，设备开关置于关闭状态，发动机熄火，拆卸连接管路，重新装好上水管

第四步　添加保护剂

①打开散热器盖

提示：

散热器盖温度高，建议戴手套或者使用抽取工具先卸压

②将冷却系统保护剂整瓶加入冷却系统

③检查液面并确保符合要求

提示：

如果不足，补加冷却液

如果过量，抽取冷却液

④启动发动机，直到发动机进入大循环且风扇转动为止

【教学检查】

表 13-3　电控发动机深化保养工单

车型		组别	
一、准备工作			
①工量具及仪器的准备			
②被测车辆准备			
二、操作过程			
操作过程	记录： ①润滑系统的保养： ②冷却系统的保养： ③传动系统的保养： 		

三、实训结论：

【教学评估】

表 13-4　评估

序号	学习内容	自我评价			
		了解	掌握	可指导操作	可独立操作
1	工具及仪器设备的准备				
2	润滑系统的保养				
3	冷却系统的保养				

课后小结

　　根据前面的学习，我们学习到发动机保养中"三滤"的保养，至关重要。"三滤"指的是：汽油滤清器、空气滤清器及机油滤清器。"三滤"在汽车发动机上起着对机油、汽油和空气的过滤作用，从而对发动机起到保护作用，也起到了提高发动机的工作效率的作用。

情境十四 电控发动机节气门积碳清洗

 情境引入

　　一辆卡罗拉轿车，行驶里程约4.8万千米，装备4缸多点燃油喷射发动机，车主反映该车启动后总是熄火。维修人员验证故障现象后进行了细致的检查，发现节气门积碳严重，非常脏而且黏，询问车主后才知道该车长期没有对节气门做过有效的清洗，难怪会出现这样的故障。那么到底怎么清除节气门积碳呢？

 【教学计划】

（1）了解电控发动机积碳原因；

（2）了解电控发动机积碳解决办法；

（3）掌握电控发动机节气门积碳清洗。

【教学信息】

一、积碳的主要成因

（1）汽油胶质在燃油管路、喷油嘴、进气歧管、进气门的沉积；

（2）汽油不完全燃烧形成的碳烟在节气门体、怠速通道、废气循环通道、进气管的堆积；

（3）曲轴箱混合气在进气歧管、进气门碳化结胶；

（4）不完全燃烧在燃烧室形成积碳；

（5）机油高温氧化结胶、碳化。

二、积碳的形成

1. 发动机结构及工作温度与积碳形成的关系

积碳的形成一直是电喷发动机的特点之一，由于燃油当中含有硫、水分、蜡质和微生物等杂质，空气当中也存有粉尘，燃烧后就会形成积碳。发动机的余热导致含水燃油残留物在燃烧室壁和活塞上也会形成碳化积垢，即积碳。虽然发动机设计的改进以及清洁燃油的使用减少了积碳的形成，但是喷油嘴在喷油系统中靠近进气门处，有时会将残油滴在进气门背部，所以此处仍会形成积碳。现代汽车发动机的压缩比提高，体积更小，温度更热，也使残油更容易形成积碳。

2. 燃油品质与积碳形成的关系

现代发动机对燃油的清洁、燃油压力、喷油雾状要求很高，在养护过程中对燃油箱的清洁净化是非常重要的。当我们每次加油时，汽油中的杂质都存在于油箱当中，无法排除，这也是一些车辆清洗喷油头后效果不明显、短时间后喷油头又堵塞的根本原因。汽车使用时间越长，公里数越多，油箱中的杂质、水分就越多，清洗燃油系统时必须从它的根源——油箱入手。

3. 汽车使用环境与积碳形成的关系

如车辆长期短距离行驶，发动机、汽缸及气门运行的温度比较低，积碳会逐渐沉积，越来越多。这样会使三元催化器污染、堵塞，造成发动机排气阻力增大，功率、加速等性能下降，油耗增加、排放污染增加等不良影响。特别是每天行驶在 10~30 千米的车辆，从启动到停车每天在 20~40 分钟，多数中低速、低负荷运行，使氧传感器的污染尤为严重。

三、积碳的影响

（1）喷油嘴和进气门积碳使燃料雾化不良，供油不畅，空燃比失调，从而导致发动机加速不良、怠速抖动和启动困难。

（2）节气门、怠速通道和进气道积碳降低空气流量，使发动机怠速不稳、失速、性能下降、排放增加。

（3）燃烧室积碳增加发动机压缩比，导致爆燃，发动机敲缸；积碳可能造成活塞环卡滞，降低汽缸压力，影响发动机动力甚至无法启动。

（4）EGR 废气循环通道堵塞导致控制阀卡滞，怠速抖动，尾气排放超标。

（5）机油积碳导致油道堵塞。

【教学实施】

实施准备

（1）了解实训室相关规章制度；

（2）穿戴规定的工作服，保障自身人身安全；

（3）一汽丰田卡罗拉整车或发动机台架。

实施过程

一、准备过程

清洗节气门需要专用的清洗剂，学名叫作化油器清洗剂。因为清洗剂有一定的腐蚀性，因此准备一副手套很有必要，避免清洗剂腐蚀皮肤的同时，也可以防止拆装过程中被划伤。

二、操作开始

1. 拆除节气门

清洗节气门，最好不要停车后马上进行，因为机舱内温度较高，有可能烫伤皮肤，建议停车一段时间，待机舱温度降低再进行。

开始清洗前首先需要确定节气门的位置，节气门位于进气口的后方，找到空气滤芯就不远了，每个车的位置会有所不同，一些车型的节气门会被发动机盖板所覆盖着，打开盖板查看会比较直观。

图 14-1　节气门的位置

很多车型为了尽量保证机舱内干净整洁，会配备发动机盖板。大部分盖板都是塑料材质，四周没有卡扣。其实绝大多数盖板都是通过一个膨胀塑料螺钉固定的，只要垂直方向一拔就可以轻松拆卸了。但要注意垂直用力，斜着拉拽容易损伤螺钉。

图 14-2　拆下发动机盖板

打开发动机盖板，节气门的位置就清晰可见了。要想拆下节气门，必须先将空气滤清器与节气门连接的软管拆下。软管两头是用圆形铁箍固定的，铁箍上有螺丝固定着，将螺丝拧松就能将软管退下。

图14-3　与节气门连接的软管

图14-4　拆下"一字螺丝"

这里我们建议优先选择用套筒拧螺丝，因为螺丝刀容易使得螺丝划扣，套筒相对更安全一些。

2. 节气门的拆卸方法

螺丝拧松以后，双手拉住软管的一头，用力向后一退，软管就被摘下了。有些车软管可能不常拆卸或安装得比较紧，因此不太好卸，不要生拉硬拽，那样容易损坏软管，可以在使劲的同时尝试左右拧动，待整体松动后再使劲退下。

退下软管后节气门就能看见了，此时节气门外围一般并不脏，真正脏的是里面。要想看里面的情况，需要拧开钥匙门，将车辆通电但是不着车，另一位同学踩下油门踏板后节气门将被打开，此时可以清楚地看见节气门内部会有褐色的污物。

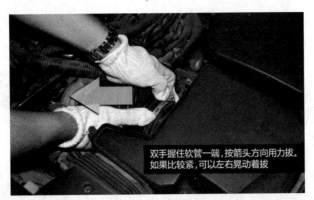

双手握住软管一端，按箭头方向用力拔。如果比较紧，可以左右晃动着拔。

图 14-5　拔出软管

踩下油门踏板，节气门打开，原本看到的外圈并不脏，而内侧有明显的褐色污物，还是比较脏的

图 14-6　节气门打开

　　据了解，一些路边修车铺甚至个别 4S 店会在这样的状态下直接用布蘸着清洗剂清洗节气门，若节气门并不脏，这样的办法也无妨，但若节气门较脏，这样的清洗显然不够彻底，因为单纯地用手往里擦，可以清洗的区域是很有限的。

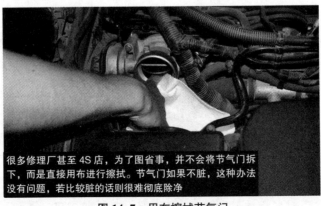

很多修理厂甚至 4S 店，为了图省事，并不会将节气门拆下，而是直接用布进行擦拭。节气门如果不脏，这种办法没有问题，若比较脏的话则很难彻底除净

图 14-7　用布擦拭节气门

更不要直接用喷剂往节气门里面喷，那样是有安全隐患的，启动车辆后，收油时的回压很可能将喷进去的液体顶出。

图14-8　不能直接喷向节气门内

正确的流程应当是将节气门完全拆下来清洗，节气门旁边会有一个插头，在拆除节气门之前需要将插头拔下。对于不常拆卸插头的车辆来说插头可能比较紧，不好拆，此时可以借助小螺丝刀在插头四周撬一撬，整体松动后就容易拆下了。

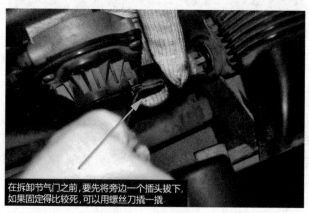

图14-9　拔下插头

拆卸完插头以后，下一步就是拆卸节气门了。节气门通常用4个螺丝固定，上方的两个螺丝比较好拆，下面的螺丝位置有些尴尬。先拆卸下面两个不好拆卸的螺丝，以免最后拆卸它们时，由于上方螺丝已经拆除没有固定，节气门晃动造成拆卸下方螺丝难度增加。这里我们只需要借助工具将螺丝拧松即可，之后可以用手摘下螺丝会比较方便，但是要小心螺丝掉落在机舱内。

4个螺丝拆除后，就可以摘下节气门了，此时露出的管道就是进气道了。从图14-11中不难看出，该车进气道明显有很多黑色的积碳。

注意：拆下节气门后最好用报纸等物体盖住进气道的入口，防止有杂物进入。

拔下插头后,就可以拆除四个螺丝了

图 14-10　拆除四个固定螺丝

优先拆除下方不好拆卸的螺丝,可以先将螺丝拧松,然后用手摘除

图 14-11　优先拆卸不好拆卸的螺丝

摘下节气门,露出来的就是进气道了,进气道积碳不少,未来我们会讲解进气道的清洗

图 14-12　节气门进气道

摘下节气门以后观察就方便很多了,转到背面来看,节气门内部的污物还是很多的,尤其是边角,转轴附近的位置都是藏污纳垢的死角,若不拆除很难彻底清除干净。

3. 清洗节气门

戴好手套,安装好清洗喷剂的喷管,对准节气门内部喷射。

摘下节气门，背面明显脏了很多，尤其在一些边角，转轴死角等处，污物很多

图 14-13　节气门内的污物

此时我们直接将清洗剂喷在节气门上即可

图 14-14　喷清洗剂

轻轻一喷污物就明显消除，效果还是很明显的。（箭头所指区域）

图 14-15　污物部分消除

　　清洗时一定要对着垃圾桶，因为喷射的同时积碳会被液化流下，容易弄脏环境。并且清洗剂有一定的刺激性气味，还有一定的腐蚀性，所以操作时最好戴上口罩，远离口、鼻、眼睛。

4. 节气门的清洗和安装

全部喷涂到位以后，应当用棉布进行擦拭。为了擦拭得更彻底，此时我们可以摘下手套直接用手接触棉布擦拭节气门内部，虽然清洗剂会有一定的腐蚀性，不过短时间接触无妨，但清洗完毕后一定要及时洗手。

这里需要特别强调一点，节气门中间的翻板尽量不要用手去触动，因为翻板本身比较脆弱，也是一个高精度配件，手动很容易影响它的开度，从而影响车辆状况。若真的很脏不得不用手掰动清洗，一定要轻、要小心。

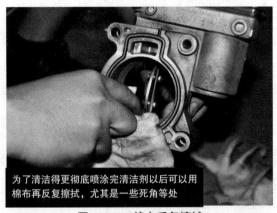

图 14-16 棉布反复擦拭

图 14-17 检查清理效果

清洗结束后可以内外检查一遍，没有问题就可以进行安装了。

安装节气门的方法就是拆卸时的逆向顺序。

5. 安装节气门

固定节气门的四个螺丝可以先用手拧，避免直接用套筒将螺丝拧歪，手拧后可以再用工具固定紧。随后将插头插好，插头的安装需要用力，听见"哒"的一声后说明固定住了。

图 14-18　安装节气门

图 14-19　安装软管

　　节气门安好后就可以安装软管了，软管的两侧会有两个小凹槽，一大一小，分别对准两侧一大一小的凸起标识（如图 14-19 所示）即可。软管要完全套进两头中，如果安装困难，可以左右拧动的同时进行安装。

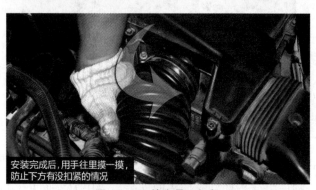

图 14-20　检查是否扣紧

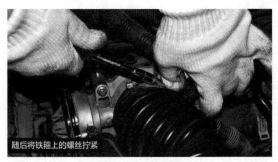

随后将铁箍上的螺丝拧紧

图 14-21　拧紧螺丝

盖好盖板,整个清理工作就结束了

图 14-22　盖上发动机盖板

待两头凹凸点完全对上后，用手向软管底部摸一摸，确保下方也完全套入后，拧紧铁箍上的螺丝，安装好发动机装饰盖板，清洗工作就完成了。

三、关于匹配问题

清洗节气门后车辆除了怠速会升高，并不会有其他不良反应，并且怠速升高是正常现象，如今的车辆都有自学习功能，清洗过后行驶一段时间（约 50 千米）怠速就会恢复正常。

【教学检查】

表 14-1　电控发动机节气门积碳清洗工单

车型		组别	
一、准备工作			
①工量具及仪器的准备			
②被测车辆准备			
二、操作过程			
操作过程	记录：		

续表

注意事项	

三、实训结论:

【教学评估】

表 14-2　评估

序号	学习内容	自我评价			
		了解	掌握	可指导操作	可独立操作
1	工具及仪器设备的准备				
2	节气门的拆装				
3	节气门的清洗				

课后小结

根据前面的学习,我们学习到积碳对汽车的影响主要有:喷油嘴和进气门积碳使燃料雾化不良,供油不畅,空燃比失调,从而导致发动机加速不良、怠速抖动和启动困难;节气门、怠速通道和进气道积碳降低空气流量,使发动机怠速不稳、失速、性能下降、排放增加;燃烧室积碳增加发动机压缩比,导致爆燃,发动机敲缸。积碳可能造成活塞环卡滞,降低汽缸压力,影响发动机动力甚至无法启动。